ここからはじめる！

相談者といっしょに
ページをめくる

民事信託の実務ガイド

税理士 **宮田房枝** 著

JN095419

日本加除出版株式会社

は　し　が　き

　相続対策をする際には、次の３点の対策とその順番が重要です。

---

① 　遺産分割対策（円満相続のための対策）

② 　納税資金対策

③ 　財産の評価減対策（節税対策）

　相続対策というと、つい「少しでも相続税を減らしたい！」と、最初から③の節税対策に目が向きがちですが、節税先行の対策をしてしまうと、いわゆる「争族」や納税資金不足に陥りかねません。したがって、多くの場合、節税対策は相続対策の中でも最後の段階、つまり、①で円満な相続がなされる対策が整って、②で納税資金もある程度めどがついている状態で検討することが望ましいとされます。

　本書では、近年、①の遺産分割対策としての効果が期待されている民事信託について、これだけは知っておいてほしいという基礎的な情報を中心にご紹介します。

　第１章は、本書を読み進めていただくにあたり、民事信託とはどういうものなのかという全体的なイメージをもっていただくために、民事信託の主な特徴をまとめました。

　第２章は、田中家の会話をとおして、認知症対策としての民事信託の活用事例や、他の制度との違い、活用にあたっての注意点などを解説しました。

　第３章は、図表とともに、民事信託を検討する上でぜひ知っておいていただきたいチェックポイントを記載しました。

　そして、第４章は、第３章までを読んでいただいて、「ぜひ民事信託を活用したい！」と前向きに考えていらっしゃる方向けに、本当に信託が必要なのか、商事信託でなく民事信託で本当に大丈夫なのか、民事信託を活用することでトラブルになることはないかなど、今一度、冷静にご確認いただきたい事項をまとめました。

　信託は、万能の制度ではなく、必ずしもすべての方にとって必要となるものでもありません。しかし、一方で、財産承継に関して、信託を使わなければ解決できない想いをお持ちの方もいらっしゃいます。本書が、信託の活用を検討されるすべての方にとって、信託に関する理解を深めるための一助となりましたら幸いです。

　なお、本書内の図表は、筆者が作成した資料を基に再構成したものであり、一部、前著『図解　相続対策で信託を使いこなす』（中央経済社、2019）、『そこが知りた

かった！ 民事信託Q&A100』（中央経済社、2016）と、内容が共通しているもの
があります。興味のある方はぜひこちらもご参照ください。

2023年7月

税理士　宮　田　房　枝

目　次

第3章　信託とは —— 解説とチェックリスト

第4章　専門家や当事者が押さえておくポイント

第1章　はじめに

1　信託とは

　信託とは、財産を持っている人（委託者）が、信頼できる人（受託者）に対して、「**この財産をこんなふうに管理・処分し、その財産から生じる利益はこの人（受益者）に対して給付してほしい**」ということを信託契約や遺言など（信託行為）でお願いし、その**財産（信託財産）の名義を受託者に変更するなどして管理・処分等をしてもらう**ことをいいます。

　例えば、次のような場合に信託を活用することがあります。

> ①　高齢で将来の財産管理に不安のあるＡさんが、今後の財産管理に係る負担を軽減したい場合

　①の場合は、例えば、Ａさんと長男が、Ａさんを委託者兼受益者、長男を受託者とした信託契約を締結することで、信託後は、Ａさんはこれまでどおり信託財産から生じる利益を受けつつも、長男に財産の管理・処分等を託すことができます（図表1-1）。

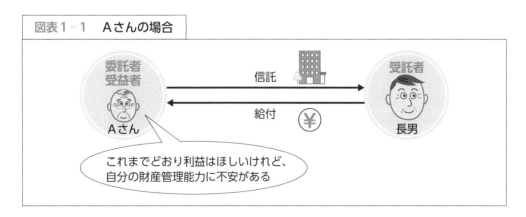

図表1-1　Ａさんの場合

委託者
受益者
Ａさん

信託

給付　¥

受託者
長男

これまでどおり利益はほしいけれど、
自分の財産管理能力に不安がある

> ②　今後かなり値上がりしそうな財産を所有しているBさんが、自分の相続税
> 対策のために、今その財産を長男の子（孫）に贈与したいと思っているものの、
> その財産の管理・処分等は、当面は孫にはさせずに長男に任せたいと思って
> いる場合

②の場合は、例えば、Bさんと長男が、Bさんを委託者、長男を受託者、孫を受益者とした信託契約を締結することで、税務上は信託契約の締結時に信託財産の実質的な価値の孫への贈与を実現しつつ、財産の管理・処分等は長男に託すことができます（図表1‐2）。

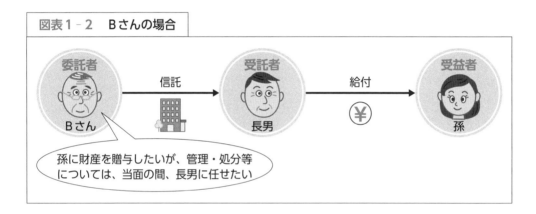

図表1‐2　Bさんの場合

委託者　Bさん　信託　受託者　長男　給付　受益者　孫

孫に財産を贈与したいが、管理・処分等については、当面の間、長男に任せたい

このように、信託を活用すると、信託した財産については、「その財産から生じる利益を享受する権利」と「その財産を管理・処分等する機能」を分けることができます。

2　信託の主な特徴 ┈┈┈┈┈┈┈┈┈┈┈┈┈┈┈┈┈┈┈┈┈┈┈┈┈

信託の主な特徴は次のとおりです。

特徴1　**〜民法上の所有者は受託者〜**

　　信託の設定により、民法上、信託財産の所有権（名義）は委託者から受託者に移ります。これにより、受託者は、その権限に基づき、信託財産の管理・処分等を行うことができるようになります。

特徴2　**〜税務上の所有者は受益者〜**

　　信託財産から生じる利益は、実質的には受託者ではなく受益者が受けるため、税務上はその実質を重視し、受益者が信託財産の所有者とみなされます。つまり、**税務上は、受益者が信託財産に属する資産・負債を有しているものとみなして、信託財産に係る収益・費用は受益者に帰属します。**

　例えば、2ページの図表1−2の事例の場合、財産の実質的な所有者が、Bさんから受益者である孫に変わるため、信託設定に伴って孫がBさんに適正対価を支払わなければ、税務上は、Bさんから孫へ贈与があったものとみなされ、孫に贈与税が課されます。

特徴3　**〜信託財産は、委託者や受託者の財産とは分別して管理される〜**

　　信託財産は、委託者や受託者の固有財産とは分別して管理することが求められます（**分別管理義務**）。したがって、信託開始後、委託者や受託者が破産するなどしたとしても、受託者が適切に分別管理義務を果たしていれば、基本的には、信託財産に影響を与えないとされています（倒産隔離機能）。

特徴4	～信託財産を管理・処分等した結果得られた財産も信託財産となる～
	信託行為において信託財産と定めた財産のほか、信託財産の管理、処分、滅失、損傷その他の事由によって受託者が得た財産も信託財産となります。

　例えば、「賃貸不動産」が信託財産である場合、「その賃貸不動産に係る家賃として受け取った金銭」や、「その賃貸不動産を譲渡して代金として受け取った金銭」も信託財産です。

特徴5	～民事信託は商事信託より柔軟な設計・運用が可能～
	いわゆる民事信託（家族などが営業としてではなく受託者となる信託）では、いわゆる商事信託（信託会社や信託銀行が営業として受託者となる信託）と比べて、低コストかつ柔軟な設計・運用をすることができます。

　本書では、特段の断り書きがない限り、「信託」とは「民事信託」を指すものとし、また委託者も受益者も個人であるものとして解説します。

第2章　田中家のものがたり
―――認知症対策で信託をはじめる

1　家庭内での会話

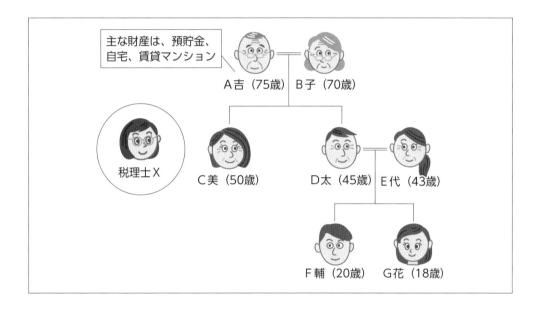

主な財産は、預貯金、自宅、賃貸マンション

A吉（75歳）　B子（70歳）

税理士X

C美（50歳）　D太（45歳）　E代（43歳）

F輔（20歳）　G花（18歳）

（A吉の誕生日の席で……）

C美

> お父さん、75歳のお誕生日おめでとう！

A吉

> 　ありがとう。この前見た雑誌に、男性の平均寿命は81.05歳って書いてあったんだ。そうすると、人生もあと6年。そろそろ "終活" にとりかかろうと思っているよ。物忘れは増えてきたけど、6年くらいならなんとか認知症にもならずにいけそうだ。

5

何を言っているの、今や人生100年時代、75歳の男性の平均余命は12.04年だそうよ。あと6年なんて言わないで、まだまだ長生きしてね。

C美

そうだね、"死亡年齢最頻値"っていう言葉も聞くよ。最も亡くなる人が多い年齢のことで、男性は88歳、女性は93歳なんだって。

D太

図表2-1　平均寿命・75歳の平均余命・死亡年齢最頻値		
	男	女
平均寿命	81.05年	87.09年
75歳の平均余命	12.04年	15.67年
死亡年齢最頻値	88歳	93歳

(出所：厚生労働省「令和4年簡易生命表」)

そうか、88歳と考えるとあと13年、人生100年と考えればあと25年、思っていたよりも長いのはうれしいな。それだけあれば、新しい趣味を見つけることもできそうだ。

A吉

楽しい時間が増えればさらに元気に長生きできそうだし、それはいいアイデアね！

C美

でも、ちょっと心配な情報もあって、厚生労働省の資料によると、65歳以上の人の4人に1人が認知症又はその予備群らしいよ。

D太

終活や新しい趣味もいいけど、認知症対策も考えたほうがよさそうね。

B子

確かにそうだな、長生きできる希望が出てきたのとともに、認知症になる心配も出てきたぞ。

A吉

認知症になったら、普段の生活も大変だけど、他にも困ることもありそうよね。

　お隣の佐藤さんのおじいさん、重い認知症で施設に入っていらっしゃるけど、おじいさん名義の空家を売ろうとしたら、不動産屋さんに「本人が認知症で意思確認ができないから、少なくとも成年後見人をつけないと売れない」と言われたそうよ。結局、成年後見人はつけず、空家は売らないことにしたんですって。使っていなくても固定資産税はかかるし、庭の草抜きもしないといけないし、大変よね。

　それはドキッとする話だな。

　実は、まだみんなには伝えていなかったけど、もし私もお母さんも介護が必要になったり認知症になったりして施設に入ることになったときは、この自宅を売ろうと思っているんだ。誰も住まなくなった家を空家のまま放置するのは物騒だし、親父が死んだときに、空家になった実家の管理に苦労したからな。

　なんで佐藤さんは成年後見人をつけなかったんでしょうね。

　詳しいことはわからないんだけど、佐藤さんの親戚に成年後見人をつけた人がいたそうなの。でもその後、毎年1回家庭裁判所に財産の額や、財産を何に使ったかを報告しないといけなくなって、すごく苦労されているそうよ。

　そうか、私も自宅を売るためだけに成年後見人をつけて、その後、死ぬまで家庭裁判所の監視下に置かれるのは避けたいなぁ。

　そうね。できるだけ子供たちに手間をかけないようにしてあげたいわ。

A吉　来週、確定申告の打ち合わせで税理士のX先生と会うことになっているんだ。認知症になったときの財産管理について、何かいい対策がないか聞いてみることにするよ。

B子　えぇ、それがいいわね。

C美　この話が出た後で、ちょっと言い出しづらくなっちゃったんだけど、最近、お母さんの足腰が弱くなってきたのが心配だったの。それで、実は、そろそろお父さん・お母さんと同居して生活のサポートをしようと考えていたのよ。施設に入るのもいいけど、私がサポートできるうちは自宅で生活したらどうかしら？

A吉　そうだったのか。いろいろ考えていてくれてうれしいよ。何よりの誕生日プレゼントだ。ありがとう！

D太　それは心強いな。うちは家を買ったばかりだし、仕事の関係で今の家から引っ越せないから、同居は難しいと思っていたんだ。

A吉　C美が同居してくれるということなら、もし生前に自分たち夫婦の生活資金が足りなくなれば自宅を売るかもしれないけれど、そうでなければ自宅は売らずに、最終的には自宅はC美に相続させるという選択肢もあるな。

C美　ありがとう、でも、この家は私が1人で住むには大きすぎるから、お父さんとお母さんが住まなくなったときは、私はマンションに引っ越そうと思っているわ。

2 専門家へ相談 ……………………………………………………

⑴ 認知症と法律行為

（X1年1月　確定申告の打ち合わせが終わって……）

A吉

> 実は、確定申告とは別に相談がありまして。

税理士X

> どうしましたか？

A吉

> 　将来、自宅を売却することも考えているのですが、もしその売却の時点で私が認知症だったら、簡単に自宅を売却することができないという話を聞きました。子供たちに財産管理の面で苦労をかけてしまわないか心配です。また、詐欺被害のニュースもよく聞きますので、**もし認知症になったら、自分に不利な契約であっても判断できずに契約をしてしまわないか**とか、**大事な財産をだまし取られないか**とか、いろいろと心配になってきました。

税理士X

> 　ご心配なお気持ち、よくわかります。**認知症を発症して判断能力がなくなると、法律行為ができなくなりますので、そろそろ認知症になった場合に備えての対策をするかどうか、検討をはじめたほうがよいですね。**

解説

✔️ 法律行為とは

　法律行為とは、具体的には次のような行為をいいます。これらができなくなると、財産管理という面では数々の支障が生じます。

【法律行為とは】

　各種契約の締結、議決権の行使、遺産分割協議への参加、贈与、預金の引き出しの依頼　など

⑵　成年後見制度（後見）

A吉

　認知症の人名義の不動産を売却する場合、成年後見人をつける必要があると聞きました。どういうことなのでしょうか？

税理士Ｘ

　認知症になると法律行為ができなくなります。そこで、認知症になった人を保護・支援するため、成年後見制度の「後見」を利用することがあります。

解説

✓　成年後見制度（後見）とは

　成年後見制度には、法定後見制度と任意後見制度があります。法定後見制度は、本人の判断能力に応じて、「後見」「保佐」「補助」の３つの類型があります。

　認知症になった人が成年後見制度を利用する場合、症状が重く、判断能力が欠けているのが通常の状態であれば、「後見」を利用することになります。「後見」とは、判断能力がない方（成年被後見人）のために、家庭裁判所が選任した成年後見人が、成年被後見人を代理して法律行為などをすることにより、成年被後見人を保護・支援する制度です。

　成年後見人は、成年被後見人の財産を適切に維持し管理する義務があるとされるため、成年被後見人の利益を損なう次のような行為をすることは原則として許されていません。

【成年後見制度の利用後は原則として認められない行為の例】

・　投資用のマンションや上場株式を購入するなど、財産を投機的に運用すること

・　同族会社や家族に対して資金の貸付を行うこと

・　孫が大学に合格した場合に、合格祝金を支払うこと

A吉
　成年後見人には、親族がなるのですか？　また、報酬はいくらか必要なのでしょうか？

税理士X
　成年後見人には、親族がなることも、司法書士、弁護士、社会福祉士など親族以外の人がなることもあります。ただし、家庭裁判所が選任しますので、必ずしも申立時の希望どおりになるとは限りません。報酬については、親族が無償で引き受ける場合もありますが、そうでない場合は成年被後見人の資力・管理財産額などに応じて、月額2～6万円程度で、家庭裁判所が決定した金額となります。例えば、報酬額が月額3万円で、成年後見人を選任してから亡くなるまでの期間が15年だったとすると、3万円×12か月×15年＝540万円の報酬がかかります。

A吉
　死ぬまでとなると、結構な金額になりますね。自分が認知症になったら、財産の運用は子供たちの判断に任せたいですし、孫が結婚するときはいくらか援助してやりたいと思っています。後見を利用しつつ、そういったことを家庭裁判所に内緒ですることはできないのでしょうか？

税理士X
　残念ながらできません。成年後見人は、年に1度、家庭裁判所に財産の状況や年間の収支について報告しなければならないことになっているんです。なので、後見を利用すると、財産管理についての柔軟性はなくなってしまうと言われています。

A吉
　なるほど。認知症になったとしても後見を利用しなくても済むように、今から対策できることはありますか？

3　専門家からの提案 ………………………………………………

⑴　信託の概要

税理士X

「**信託**」という言葉をお聞きになったことはありますか？

A吉

「信託会社」とか「信託銀行」とか、そういった言葉なら聞いたことがあります。金融機関の商品のことですか？　そうだとしたら、言葉を聞いたことがあるくらいで、仕組みまではよくわかっていないです。

税理士X

　おっしゃるように、信託会社や信託銀行といったいわゆる「商事信託」に財産を預ける信託もあります。
　ただ、それだけではなく、平成18年の信託法の改正によって、**家族に財産を預けて管理してもらう信託**もしやすくなりました。「**民事信託**」とか「**家族信託**」と呼ばれています。家族間での信託なので、信託報酬なしでもできますし、**信託銀行や信託会社に委託する場合に比**べれば、**柔軟な設計や運用**にすることもできるんですよ。

解説

✅ 信託とは

　信託とは「委託者が一定の目的のために、信託行為によって、信頼できる受託者に対して財産を移転し、そしてその受託者は信託行為に従って、その移転を受けた財産の管理・処分等をする」という法律関係をいいます。

　例えば、**A吉さんとC美さんが信託契約を締結することで、信託された財産の名義は受託者であるC美さんとなります。**

　したがって、信託契約の締結後、信託財産の管理・処分等は受託者であるC美さんが行うことになります。つまり、**信託契約の締結後にA吉さんが認知症になったとしても、信託した財産についての管理・処分等に支障は生じません。**

図表2 - 2　信託契約の締結

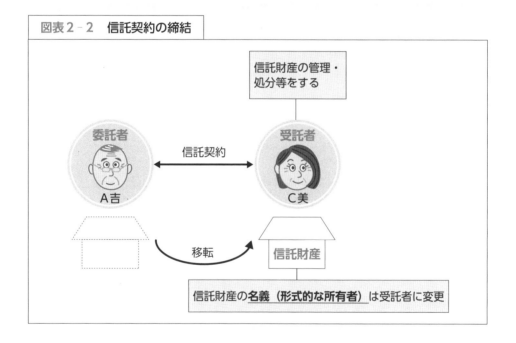

A吉

> 信託の登場人物について教えてください。

税理士X

> **信託の基本登場人物は「委託者」「受託者」「受益者」の３人です。**

解説

✓ 信託の登場人物

「委託者」「受託者」「受益者」は、次のような者ということができます。

委託者・受託者・受益者 ➡ 52ページ 　 その他の登場人物 ➡ 65ページ

図表2-3　信託の基本登場人物
委託者：信託財産のもともとの所有者で、信託を設定する者 **受託者**：委託者から信頼されて財産を託された者で、信託行為の定めに従って信託の目的の達成のために信託財産の管理・処分等の必要な行為をすべき義務を負う者 **受益者**：受益権を有し、信託財産からの給付を受ける権利を持つ者

A吉

> なるほど。うちの場合だと、私が委託者、受託者はC美かD太ですね。二人ともしっかりしていて信頼できるものの、D太は仕事がかなり忙しそうだから、受託者はC美に頼もうかな。

A吉

13ページの解説で「信託行為」という言葉がありましたが、信託行為とは、何でしょうか？

税理士X

信託を設定する手段のことを、「信託行為」といいます。

解説

✓ 信託行為とは

　信託を設定する手段のことを、「信託行為」といいます。

　信託行為には３種類あり、「信託契約」「遺言」「信託宣言」の３つのいずれかの方法により信託を設定することができます。

図表2-4	信託行為・信託の方法・効力発生時期	
信託行為	信託の方法	原則的な効力発生時期
信託契約	委託者と受託者が契約を締結する方法	委託者と受託者との間の契約の締結時
遺　言	委託者が遺言をする方法	遺言の効力の発生時
信託宣言	委託者と受託者が同一の者である場合に、公正証書等に一定事項を記載又は記録する方法。「自己信託」ともいう	(a) 公正証書等による場合は、その公正証書等の作成時 (b) 上記(a)以外は、受益者に対する確定日付のある証書による信託がされた旨及びその内容の通知時

税理士X

　A吉さんの場合は、認知症対策として信託を活用することを検討しますので、信託契約が適していると思います。遺言で信託を設定した場合、効力の発生は、遺言をした人が亡くなって、遺言の効力が発生した時ですし、信託宣言は委託者と受託者が同じ信託のことなので、A吉さんには向かないです。

A吉

そうすると、委託者である私と、受託者であるC美が信託契約を締結することで信託の効力を発生させるのですね。

税理士X

はい、ご理解のとおりです。

なお、信託契約は私文書であっても効力発生に問題はありませんが、できる限り、信託に詳しい専門家（司法書士、弁護士、行政書士、税理士など）に相談をした上で、公正証書で作成するようにしましょう。

信託行為・信託の方法・効力発生時期 ➡ 56ページ

信託行為は公正証書で作成する ➡ 84ページ

（2）　成年後見制度（後見）との違い

税理士X

　　成年後見制度のうちの「後見」と、信託との主な違いは図表2-5のとおりです。

A吉

　　信託は、後見とは違って家庭裁判所の監視下ではないのですね。また、財産管理という面では、後見に比べて柔軟に対応することができそうですね。

図表2-5　成年後見制度（後見）と信託との主な違い

	後　見	信　託
根拠法	民法	信託法
概　要	判断能力がない者（成年被後見人）のために、家庭裁判所が選任した成年後見人が、成年被後見人を代理して法律行為等をすることで、成年被後見人を保護・支援する制度	委託者が一定の目的のために、信頼できる受託者に対して財産を移転し、その受託者は信託行為に従って、その移転を受けた財産の管理・処分等をする法律関係
手　続	本人、配偶者、4親等内の親族等による審判申立	委託者（信託契約の場合は、委託者及び受託者）による信託行為の作成
財産管理者	家庭裁判所によって選ばれた成年後見人	信託行為において定められた受託者
財産管理者の権限	財産に関する法律行為についての代理権	信託法及び信託行為において定める財産の管理・処分等
財産管理者を監督する者	家庭裁判所（必要がある場合には、家庭裁判所と監督人）	委託者、受益者、信託監督人（定めた場合）、受益者代理人（定めた場合）
財産の所有者	成年被後見人	受託者
効力発生時点	成年後見人等が審判書を受領してから2週間後	信託行為の効力が発生したとき
報告先	成年後見人が、定期的に（年1回）家庭裁判所に報告（監督人がいる場合は監督人にも報告）	受託者は、年1回財産状況開示資料を受益者に報告し、一定の場合には毎年1月31日までに信託の計算書を税務署に提出
報　酬	家庭裁判所が、成年後見人及び成年被後見人の資力・管理財産額等に応じて決定。月額2～6万円程度	受託者に対して報酬を支払うかどうかはあらかじめ定めておく（支払わないことも可能）。ただし受託者が法人の場合には、支払わないと、受託者において、税務上、益金課税及び寄附金課税が生じる
相続があった場合の財産承継	成年被後見人が死亡したときに、後見は終了。成年被後見人の相続人等が、成年被後見人の遺言、又は遺産分割協議により財産を取得	受益者が死亡したときは、信託行為により指定されている次の受益者や残余財産の帰属者が、受益権や残余財産を取得

(3)　自益信託と他益信託

A吉

信託財産から利益が出た場合、誰が課税されるのですか？

税理士X

例えば、信託する財産が賃貸不動産だった場合に、そこから生じる賃料収入を実質的にもらえるのは誰かというと、受益権を持っている受益者となります。このことから、**税務上は、原則として、受益者を信託財産の所有者とみなして課税関係を判断します。**

解説

✅ 自益信託と他益信託

　信託では、信託財産について、形式的な民法上の所有者（受託者）と、実質的な税務上の所有者（受益者）が異なります。

　信託の設定により、形式的な財産の所有者は委託者から受託者に変わります。そのため、信託したあとに委託者の判断能力が衰えたとしても、信託財産の管理・処分等には影響がありません。

　一方、税務上は実質で課税関係を考えます。では、実質はどうかというと、信託財産から生じる利益は、受託者ではなく受益者が受けることから、税務上の所有者は受益者となります。すなわち、**税務上は、受益者がその信託された資産・負債を持っているものとみなして、信託財産に係る収益・費用は受益者に帰属する**ことになります。

自益信託と他益信託 ➡ 54ページ　**効力発生時 ➡ 68ページ**

　「自益信託」の場合、つまり委託者も受益者もA吉さん自身であるという場合には、信託により形式的な名義は委託者から受託者に変わったとしても、実質的な財産の所有者はA吉さんのまま変わらないと考え、信託の効力発生時に課税関係は生じません。

　一方、例えば、委託者がA吉さん、受益者がB子さんである場合には、信託の前後で実質的な所有者がA吉さんからB子さんへ変わります。このような信託が無償で設定された場合には、税務上は、信託によって、A吉さんからB子さんへ贈与があったものとみなされます。

　このように、贈与が認識されるような信託は、他人が利益を受ける信託ということで、「他益信託」といいます。

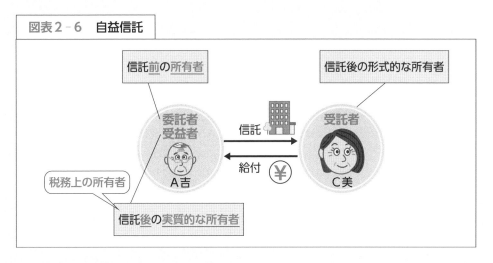

図表2-6　自益信託

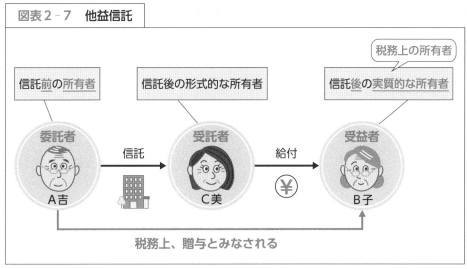

図表2-7　他益信託

A吉

　　うちの場合だと、信託する時点での贈与税課税は避けたいので、受益者は私、ということですね。

税理士X

　　そうですね、A吉さんの場合、財産を実質的に贈与したいわけではなく、認知症対策をすることが目的ですから、委託者であるA吉さんご自身を受益者とする自益信託で検討しましょう。

> どのような財産を信託するかということや、認知症対策以外に財産
> やご家族に対してどんな思いがあるのかによっても信託の設計は変
> わってきますよ。

解説

✅ 田中家の場合 ── 認知症対策として信託を活用する

　田中家の場合、A吉さんの判断能力がしっかりしているうちに、ある程度想定
できる状況に対してA吉さんの意思を反映できるよう、**財産の管理・処分方法等
を盛り込んだ信託契約を締結しておくこと**が考えられます（図表2-8）。

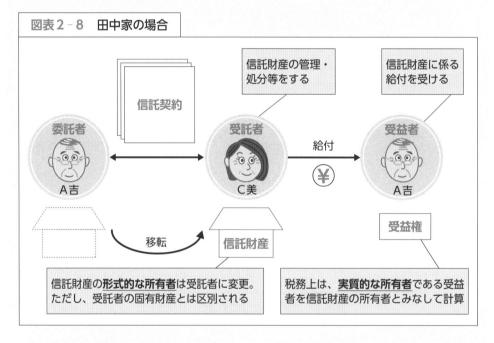

図表2-8　田中家の場合

　例えば、賃貸不動産を信託した場合、その賃貸不動産の管理・処分等は受託者
であるC美さんが行います。そして、受益者をA吉さんとし、受託者から受益者
への生活費等の給付について定めておくことで、A吉さんは生活費等に充てるた
めの賃料収入を受け取るしくみを作ることができます。また、もし資金繰りなど
のために自宅や賃貸不動産を譲渡しなければならなくなった場合も、C美さんが
受託者として契約当事者となりますから、信託後にA吉さんが認知症になったと
しても、その譲渡に支障は生じません。

⑷ 受益権・受益債権・受益証券

A吉

　信託について、とても興味が出てきました！　もう少しいろいろと教えてください！
　先ほどからお話に出ている"ジュエキケン"とは何でしょう？　受益者の権利を証明するものとして、株券みたいなものを発行するのでしょうか？

税理士X

　ちょっと紛らわしい言葉を確認しておきますね。図表2‒9をご覧ください。

図表2‒9　受益権・受益債権・受益証券

- 権利の総称
- **受益権**
  - **受益債権** ＋ 受益債権を確保するために、一定の行為を求めることができる権利
  - → **受益証券**（受益権を表示する証券）
  - 信託財産の給付に係る債権

解説

✔ 受益権・受益債権・受益証券

　受益権とは、「受益債権」と「受益債権を確保するために、一定の行為を求めることができる権利」からなる、受益者がもつ権利の総称をいいます。

　受益債権とは、受益権のうち、「信託行為に基づいて受託者が受益者に対し負う債務であって信託財産に属する財産の引渡しその他の信託財産に係る給付をすべきものに係る債権」をいいます。文字どおり「債権」のことです。例えば、信託行為に、「受託者は毎月末日に受益者に対して10万円を銀行振込により給付

する」と定めてあった場合、受託者が銀行振込を怠れば、受益者は受託者に対して「10万円を早く振り込んでください」と要求することができます。こういった給付を求めることができる権利が、受益債権に該当します。

　受益証券とは、これも文字どおり「証券」のことです。信託銀行や信託会社などが受託者となる、いわゆる商事信託の場合は、受益権に流通性を持たせるために受益証券という有価証券を発行するケースがあります。受益証券を発行すると、税金の取扱いも変わってきます。民事信託の場合には、受益権を流通させる必要性はないので、受益証券は発行しません。

A吉

なるほど、よくわかりました。

⑸　信託財産・分別管理義務

A吉
> 信託財産というのは、私が最初に信託した財産だけをいうのでしょうか？

税理士X
> いえ、それだけではなく、**信託財産を賃貸することで得た賃料や、信託財産を譲渡することで得た代金も信託財産となります。**

解説

✓　信託財産

　信託行為において信託財産と定めた財産のほか、信託財産の管理、処分、滅失、損傷その他の事由によって受託者が得た財産も信託財産となります。また、信託を開始した後に、追加で別の財産を信託することもできます。

A吉
> なるほど。では、ある不動産や金銭が信託財産かそうでないかということは、どのようにして見分けるのですか？

税理士X
> 受託者には、「**分別管理義務**」という義務があります。

解説

✓　分別管理義務

　信託法上、受託者は、「信託財産」と「受託者の固有財産」や「他の信託の信託財産」とを分別して管理しなければならないとされています。

　信託では、理論上、受託者が死亡したり破産したりしたとしても、信託財産に影響を与えないとされています（この特徴を「倒産隔離機能」といいます。）。この倒産隔離機能が働くためには、分別管理義務が履行されていることが重要になります。　分別管理義務 ➡ 62ページ

A吉

分別管理義務について、もう少し教えてください。
　例えば、不動産、非上場株式、金銭について、どのように管理すれば、受託者は分別管理義務を果たせますか？

税理士X

次の解説をご覧ください。

解説

✅ 主な財産の種類ごとの分別管理の方法

● 不動産

不動産の場合、信託の登記をします。不動産登記簿に、所有権の移転登記と信託の登記がなされ、信託目録も登記されます。信託目録としては、委託者・受託者・受益者に関する事項のほか信託の目的、信託財産の管理方法などについての登記が必要となります。これによって、不動産の場合は、登記を見ればすぐに信託財産であることがわかります。

● 非上場株式

非上場株式の場合、信託帳簿に記載するとともに、会社へ通知して株主名簿にも信託財産である旨を記載してもらいます。なお、譲渡制限株式を信託契約で信託しようとする場合は、あらかじめ譲渡承認手続を経ておく必要があります。

● 金　銭

信託法上、**金銭はその計算を明らかにする方法で分別管理する**こととされています。例えば、信託帳簿を作って、その信託帳簿上で明らかにして管理します。また、金銭の分別管理の方法については、信託行為に別段の定めをして、その定めの方法によることもできます。

A吉

　ということは、信託財産である金銭を分別管理する場合、信託帳簿さえちゃんとつけていれば、受託者の個人名義の預金口座で信託財産を管理してもよいのでしょうか？

税理士X

　その場合、信託財産としての金銭を管理するための口座と、受託者の固有財産としての金銭を管理するための口座との違いが第三者から明らかではないため、次のようなリスクがあります。ですので、積極的にはおすすめできません。**信託法に定める分別管理義務は果たされていても、倒産隔離機能が働かないケースもある**んです。

解説

✅ 受託者の個人名義の口座で金銭を管理した場合のリスク

● 受託者が死亡したときに、信託用の口座も凍結される
● 受託者が死亡したときに、受託者の相続人によって、信託用の口座にある金銭ついても受託者の相続財産として扱われる
● 受託者が破産したときに、信託用の口座も相殺・差押えの対象となる　など

A吉

　では、信託財産である金銭を管理するための預金口座の開設は、実務的にはどうしているのでしょう？

税理士X

　現在、「委託者XXX受託者YYY信託口」とか「YYY（信託口）」といった受託者名で銀行から提供される口座には、いわゆる「屋号口座」（以下「屋号口座」）であるものが多く存在するといわれています。ただし、こちらも積極的にはあまりおすすめできない方法です。

解説

✅ 屋号口座で金銭を管理した場合のリスク

　屋号口座は、口座名こそ受託者個人のものとは違うものの、銀行内の顧客番号（CIF番号）は受託者個人のものと同じものが使われています。この場合、受託者個人の口座と屋号口座とが、金融機関内部で同一顧客の口座として管理されています。そのため、受託者の死亡や破産があった際には屋号口座分も名寄せされ、上記の解説で記載した、受託者の個人名義の口座で金銭を管理した場合と同様のリスクが考えられます。

それでは、信託用に預金口座を開設する場合、どのような口座が理想なのですか？

A吉

税理士Ｘ

理想的なのは、「委託者XXX受託者YYY信託口」とか「YYY（信託口）」といった信託用とわかる口座名で、かつ、金融機関内の顧客CIF番号が、受託者個人のものとは別のものが使用されている口座（以下「信託口口座」）です。ただ、現時点で、信託口口座が開設できる金融機関はかなり限られています。少しずつ増えてきてはいるものの、まだ一部の金融機関でしか対応しておらず、都市銀行でさえ実績はほとんどないようです。

A吉

受託者の生活圏内に信託口口座の開設ができる金融機関がなくて、仮に遠方には信託口口座の開設ができる金融機関があるといった場合、入出金の都度、遠方の金融機関へ出向くというのも現実的ではない気がします。それに、信託が適法に成立していて、受託者も信託法の分別管理義務を果たしているのであれば、何かしら救済されないとおかしいですよね。

税理士Ｘ

そうですね。25ページの解説に記載したようなリスクが顕在化して、仮に信託用の預金口座が凍結されたり差し押さえられたりしても、異議申し立て等により信託財産であることを証明できれば返還を受けられる可能性はあります。でも、そのためには時間だけでなく、コストや労力もかかります。

ですので、理想としては屋号口座ではなく信託口口座を使うということになります。これについては、学者や実務家それぞれに主張があり、様々な意見があるようですが、いずれにしても、まずは信託口口座で実行できる可能性がないか十分検討する必要があると思います。

すなわち、まずは関係当事者の取引銀行や受託者の生活圏内にある金融機関に問い合わせをして、信託口口座の開設のための交渉をするということです。交渉の結果、どうしても信託口口座の開設は難しい場合に、25ページの解説でお伝えしたようなリスクが大きいと判断されれば、民事信託の実行自体を見直すことになります。

一方、委託者及び受託者の推定相続人すべてが信託に同意していて、

仮に受託者が死亡して屋号口座まで凍結されたとしても、屋号口座の残高については信託に戻せる関係が見込める場合、かつ、受託者の破産リスクが低いと判断される場合などには、25ページの解説に記載したようなリスクの存在を承知した上で、屋号口座や受託者の個人名の口座で実行している事例はあります。

ただ、例えば、家族仲が悪く、受託者が死亡して信託用の口座まで凍結されたときに家族間でトラブルが想定される場合や、受託者の破産リスクが高そうな場合等には、リスクが顕在化する可能性が高く、屋号口座や受託者の個人名の口座はおすすめできません。

それにしても、信託法上そこまでの分別管理は求められていないのに、実務で求められる分別管理は厳しいのですね。

受託者には、善管注意義務もあります。そのため、金銭は潜在的リスクのある口座ではなく信託口口座で管理をすべきという主張があるんですよ。また、一方、信託帳簿上での分別管理ができていれば、信託口口座でなくても善管注意義務違反とされることは考えにくいという意見もあります。

受託者の義務・責任・信託財産責任負担債務 ➡ 60ページ

さらに、信託口口座が開設できればどこの金融機関でもよいのかというと、信用力の低い金融機関で口座を開設して、もしその金融機関が破綻して信託財産が毀損すれば、それもそれで受託者の善管注意義務違反になるのではという懸念もあるようです。

信託財産を管理する口座に関しては、実務的に統一された取扱いはないのですね。

はい。口座開設に関しては、ケースバイケースで慎重に検討し、民事信託ではリスクが大きいと判断される場合には商事信託も併せて検討するのがよいかと思います。 商事信託の検討 ➡ 66ページ

では、信託契約を締結したあとにでも、信託口口座が開設できる銀行を探したいと思います。

税理士X

　もう一点注意点がありまして、**金融機関へは、信託契約の草案の段階で信託口口座開設の可否を確認してください。**信託口口座を開設できるとされている金融機関であっても、形式チェックを満たす文言が入った信託契約でないと口座開設できないなどの条件があるようです。

⑹　受益者連続型信託　～夫婦2人分の遺言として活用～

税理士X

　　A吉さんの主な財産と、それぞれの相続税評価額は図表2-10のとおりです。それぞれA吉さんが亡くなったあとは誰に承継させたいかなどはお決まりですか？

図表2-10　A吉さんの主な財産と相続税評価額	
内　容	相続税評価額
①　自宅（土地・建物）	約2,500万円
②　賃貸不動産（土地・建物）	約2,000万円
③　預貯金（金銭）	約1,500万円
合　計	約6,000万円

A吉

　　まずは、妻B子の老後の生活資金を第一に考えてあげたいです。先日、長男D太に「死亡年齢最頻値」というものを教えてもらったのですが、男性が88歳、女性が93歳だそうです。仮に私が88歳で死んだら、そのときB子は83歳、その後93歳まで10年あります。ですから、少なくとも10年分の生活費はB子に相続させたいです。

税理士X

　　B子さんの1か月分の生活費はどれくらいをお考えですか？

A吉

　　施設の入所費用や医療費を考えると、1か月30万円はみておきたいです。このうち半分は年金や家賃収入で賄えるとして、残してあげるお金としては「15万円×12か月×10年＝1,800万円」が一つの目安になるのかなと思ったのですが、果たして1,800万円で足りるのか心配なんですよね。

　　施設によっては入居一時金が必要なところもあるし、人生100年と考えればこの約2倍で3,600万円です。たまにはB子から孫たちへお小遣いをあげられるくらいの余裕ももたせてあげたいし、賃貸不動産が古くなって大規模修繕が必要になったり、空室になって家賃が入らなくなったりする可能性もあるでしょうし、今後のインフレも心配ですし、私が生きている間に使って減ってしまう分もありますし……。

　ん〜、いろいろ考えてみると、自分が死んだタイミングで子供たちにも財産をわけてしまうと、Ｂ子の老後の生活資金が心配になってきました。

　そういえば、私が死んだときの相続税はどれくらいかかりますか？

税理士Ｘ

　相続税の早見表は図表２-11のとおりです。

　仮にＡ吉さんが亡くなったとき（一次相続時）の、各種の特例措置適用後の正味の遺産額が約6,000万円だったとします。それを各相続人が法定相続分により取得した場合、すなわちＢ子さんが２分の１を取得した場合の相続税額は、約60万円になります。

　なお、配偶者は、相続税を計算する上で税額軽減があります。**配偶者が取得する正味の遺産額が、①１億6,000万円、②法定相続分相当額**（Ｂ子さんの場合は、約6,000万円×１/２＝約3,000万円）**のどちらか多い金額までは相続税がかかりません**。

図表２-11　相続税の早見表（各相続人が法定相続分により相続した場合）

（単位：万円）

課税価格（基礎控除前）	配偶者がいる場合				配偶者がいない場合			
	子１人	子２人	子３人	子４人	子１人	子２人	子３人	子４人
５千万円	40	10	0	0	160	80	20	0
６千万円	90	60	30	0	310	180	120	60
７千万円	160	113	80	50	480	320	220	160
８千万円	235	175	137	100	680	470	330	260
９千万円	310	240	200	162	920	620	480	360
１億円	385	315	262	225	1,220	770	630	490
１億５千万円	920	748	665	587	2,860	1,840	1,440	1,240
２億円	1,670	1,350	1,217	1,125	4,860	3,340	2,460	2,120
２億５千万円	2,460	1,985	1,800	1,687	6,930	4,920	3,960	3,120
３億円	3,460	2,860	2,540	2,350	9,180	6,920	5,460	4,580
３億５千万円	4,460	3,735	3,290	3,100	11,500	8,920	6,980	6,080
４億円	5,460	4,610	4,155	3,850	14,000	10,920	8,980	7,580
４億５千万円	6,480	5,493	5,030	4,600	16,500	12,960	10,980	9,080
５億円	7,605	6,555	5,962	5,500	19,000	15,210	12,980	11,040

A吉

なるほど。私の財産が今後多少増えたとしても、正味で１億6,000万円までにはならないでしょう。なので、すべての財産をB子に相続させたとしても、全額について配偶者の税額軽減が使えるため、納付すべき相続税額はゼロになるのですね。

税理士X

はい、ご理解のとおりです。

なお、A吉さんが亡くなってからB子さんが亡くなるとき（二次相続時）までの間に、B子さんがどれくらいの財産を使っているかや各種の特例措置を適用できるかどうかなどにより、二次相続の際の相続税は変わってきます。

仮に、二次相続時の正味の遺産額も各種特例措置適用後で約6,000万円だった場合には、納付すべき相続税額は約180万円になります。

A吉

私が死んだあとにB子が私の遺産を半分くらい使い、二次相続時の正味の遺産額が3,000万円だった場合の相続税額はどのくらいですか？

税理士X

その場合は正味の遺産額が相続税の基礎控除額以下のため、納付すべき相続税額はゼロです。

解説

✅ 相続税の基礎控除額

相続税の基礎控除額は「3,000万円＋600万円×法定相続人の数」です。B子さんの法定相続人が、C美さんとD太さんの２人だとすると、二次相続の際は、B子さんの正味遺産額のうち4,200万円までは相続税が課税されません。よって、このとき正味の遺産額が3,000万円だとすると、納付すべき相続税額はゼロです。

例えば、もっと**財産額が大きくて相続税がたくさんかかる方、推定相続税額に対して金融資産が少ない方、特定の相続人に多くの財産を遺贈すると遺留分を主張しそうな相続人がいる方**などの場合は、ある程度、相続税の納税資金対策や遺留分対策を考えた承継が必要になります。

税理士X

　　Ａ吉さんの財産状況や、今のご家族関係でしたら、Ａ吉さんのお気持ちを優先して、安心できるような承継内容にされるのでよいと思います。

Ａ吉

　　そう聞いて、ホッとしました。今は年金や家賃収入もありますが、5 年後、10 年後、それらがどうなっているかわかりませんから。Ｂ子にはお金の面で不安な思いはさせたくないので、私が死んだあとは、Ｂ子にすべての財産を相続させたいです。子供たちには、Ｂ子が死んだあとに残った財産を承継してもらうということにします。子供たちへは生前から私の想いを伝えておけば理解を得られると思います。

税理士X

　　承知しました。

Ａ吉

　　Ｂ子の死亡後、残った財産はＣ美とＤ太にそれぞれ 2 分の 1 ずつ承継させたいと考えています。

　　あれ？　でもそのように承継させたければ、私が死んでＢ子が全財産を相続したあとに、Ｂ子が遺言を書かないといけませんか？　私が死んだ時にＢ子が認知症になっていたら、Ｂ子は法律行為ができないですから、Ｂ子は遺言を書けませんし、新しく信託契約を締結することもできませんよね。

　　そうだとすると、信託を活用して認知症対策ができるのは私だけなのでしょうか。

税理士X

　　Ａ吉さん、**信託は受益者を 1 人で終わらせることもありますが、例えば、最初の受益者が死亡した後の受益者をあらかじめ定めておくことで、受益者を連続させるということもできます。そのような受益者が連続している信託を「受益者連続型信託」**といいます。

解説

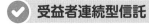 **受益者連続型信託**

受益者が連続している信託を「受益者連続型信託」といいます。

例えば、委託者であるＡ吉さんが、受託者となるＣ美さんと締結する信託契約において、一次受益者はＡ吉さん、Ａ吉さんが死亡した後の二次受益者はＢ子さん、Ｂ子さんが死亡したら信託を終了して、残余財産はＣ美さんとＤ太さんに1/2ずつ帰属させると定めておくことができます。

受益者連続型信託 ➡ 64ページ

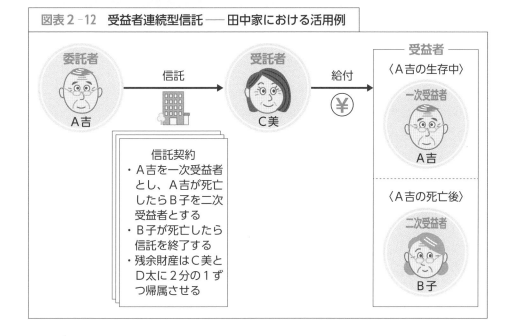

図表2-12　受益者連続型信託 —— 田中家における活用例

A吉

　なるほど、遺言の場合は、自分の次の財産承継者までしか指定できないものの、信託を使うと自分の次の次以降の受益者も指定できるのですね。信託って面白いなぁ。受益者連続型信託は、ほかにどういった場合に活用されているのですか？

税理士X

　財産を承継させたい人が遺言を書けない状態にある場合や、自分の次の次以降の承継者まで自分の意思で決めておきたい財産がある場合にも、受益者連続型信託の活用を検討することがあります。

解説

✔ 受益者連続型信託の活用事例

【財産を承継させたい人が遺言を書けない状態にある場合】

● 配偶者が認知症の場合

● 子に重度の知的障害がある場合

【自分の次の次以降の承継者まで自分の意思で決めておきたい財産がある場合】

● 子のいない夫婦で、夫所有の先祖代々の土地につき、夫の死亡後は妻に、妻の死亡後は妻の姉妹ではなく夫の兄弟に承継させたい。これを妻に遺言を書かせることなく実現したい場合

● 事業会社の株式を長男に承継させたいが、長男に子が生まれなければ、長男の死亡後は長男の妻ではなく、次男や次男の子など、自分と血がつながっている親族に承継させたい場合

● 事業会社の株式を長男に承継させたいが、長男の次は長男の子ではなく、次男の子に承継させたい場合

A吉

なるほど。私の場合も、先生が先ほどおっしゃったような内容の受益者連続型信託にすると、私が信託した財産については、私が妻の分まで遺言を書いたのと同じ効果が得られるということですね。

税理士X

ご理解のとおりです。**一次受益者の死亡を受益者変更事由として受益者を連続させることで、遺言の代用として活用している信託を、「遺言代用信託」といいます。**

ただし、半永久的に将来の受益者を指定できるのではなく、「信託開始から30年経過後に新たに受益権を取得した受益者が死亡した時点」で信託は終了しますので、その点はご注意くださいね。

受益者連続型信託 ➡ 64ページ

⑺　遺言との違い　〜より確実な財産承継〜

A吉

> 自分も配偶者も認知症になる心配がない方の場合だと、信託は使わずに、夫婦ともに遺言を作成することで十分なのでしょうか？

税理士X

> もちろん遺言を作成することで十分な方もいらっしゃいますが、ケースバイケースですね。

解説

✅ 遺言のトラブル事例

遺言の場合、例えば次のようなトラブルが生じることがあります。

● 《書換え》

　遺言者（父）が自宅を長男に相続させる旨の遺言を書いた。その後、父の判断能力が衰えてから、長女は父を誘導して、長女に都合のいいように遺言を書き換えさせてしまった。

● 《偽装》

　遺言者（父）の死亡後、長男は父が7年前に書いた遺言を持って現れた。これを知った次男は、父の筆跡をまねて1年前の日付の遺言を偽装して作成し、最終的に裁判所で争うことになった。

● 《滅失》

　遺言者（父）が、後継者である長男に同族会社の株式をすべて相続させる旨の自筆証書遺言を書いて仏壇に保管していた。これを知った次男は、遺言をこっそり廃棄してしまった。父の死亡時に遺言が存在しなかったため、遺産分割協議を通じて次男は同族会社の株式を取得し、その後、高値で買い取るように長男に求めてきた。

A吉

テレビドラマのようなことが実際にもあるのですね……。遺言は万全なものだと思っていました。うちは、今のところ妻も子供たちも仲が良いから心配はないのかなと思っていますが、なぜ遺言だとこのようなことになるのですか？

税理士X

遺言は「遺言者の死亡の時」まで効力が生じないからなんです。また、複数の遺言が見つかった場合には、重複する財産については、通常、日付の新しい遺言が優先するとされます。そのため、遺言をめぐって先ほどお話ししたようなトラブルが生じることがあります。

A吉

なるほど、信託契約を締結する場合はどうなのでしょう？

税理士X

信託契約の効力が生じるのは、原則として、「信託契約の締結の時」からです。

解説

✅ 信託の効力の発生時期

　信託契約の効力が生じるのは、原則として、「信託契約の締結の時」からです。この点を利用して、生前に自分を受益者とする信託契約を締結し、承継先を決めておきたい財産を信託財産とし、将来財産を承継させたい人を自分が死亡した場合の受益者（自分の死亡時に信託を終了させるのであれば残余財産の帰属権利者）と定めます。こうすることで、遺言と同様に自分が死んだ後の財産の承継者を指定することができます。さらに、**信託契約の場合は遺言と異なり生前からその効力を発生させることができる**ため、前述の**遺言のように《書換え》《偽装》《滅失》といったトラブルを回避することができ、より円滑・確実な財産承継をすることができるようになる**と言われています。

信託行為・信託の方法・効力発生時期 ➡ 56ページ

⑻ 財産そのものを相続させる場合との違い

A吉

　信託について、もっと知りたいです！

　これは私の同級生の鈴木君のところの話なのですが、鈴木君の主な財産は自宅と預貯金で、子供は長男1人です。鈴木君は長男夫婦と同居しているから、「自宅は長男に相続させる」と遺言を書いたものの、自宅は鈴木君の奥さんが亡くなるまでは売らないでほしいとも思っているのだそうです。でも鈴木君が亡くなって自宅を長男が相続したら、長男は自宅を売ってマンションに引っ越してしまうのではないかと心配していました。自宅は鈴木君と奥さんとの思い出の場所なので、奥さんが生きている間は売らずにいてほしいとかで……。

　これも信託を使えばうまく行きますか？

図表2-13　鈴木家の状況

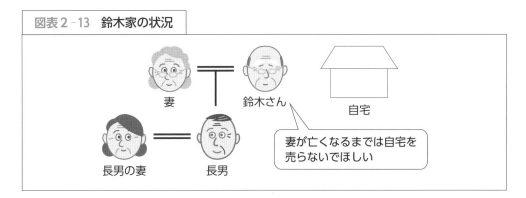

妻　鈴木さん　自宅

長男の妻　長男

妻が亡くなるまでは自宅を売らないでほしい

税理士X

　はい。信託が終了した場合、基本的に残余財産は、その帰属先として指定された人（帰属権利者）が承継します。当初の受益者が死亡した場合に信託は終了することとしてしまうと、残余財産の帰属権利者は、受益権ではなく財産そのものを承継することになるので、信託の終了後は、その財産を取得した人の判断でその財産を譲渡することができます。

　一方、例えば、受託者を長男の妻、受益者を最初は鈴木さん、鈴木さんの死亡後は長男とし、信託期間を鈴木さん及び鈴木さんの奥様の死亡時までとします。また残余財産の帰属権利者を長男とした上で、信託財産である自宅の譲渡について一定の制限を定めておきます。このようにすると、長男は鈴木さんの奥様（長男からみたら母）が死亡するまでは自宅を自由に処分することができず、鈴木さんの奥様の生

存中は自宅を残せる可能性が高まります。

　信託を活用せずに財産そのものを贈与したり遺贈したりする場合との**大きな違い**はここにもありますね。

図表2-14　鈴木家における信託活用例

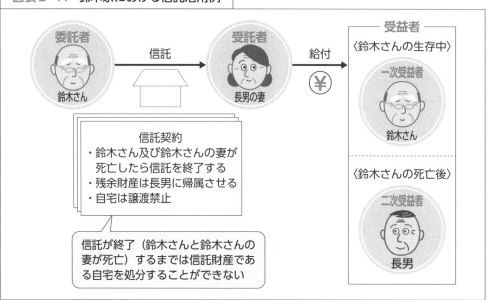

A吉

　受託者は、長男の妻ではなく、長男ではダメなのでしょうか？

税理士X

　最初の受託者は長男でも大丈夫です。ただし、鈴木さんが亡くなって、長男が単独で二次受益者となった場合には、1年以内に受託者を長男から別の方に変える必要があります。

　これは、長男が**受益者**として**「信託財産から生じる利益を享受する権利」**と、**受託者**として**「信託財産の管理・処分等する機能」**とを単独でもつことになった場合には、信託をせずに財産の完全所有権を持っている状態と変わらなくなりますので、**その状態が1年間続くと信託は終了する**ことになっているためです。信託の終了 ➡ 58ページ

　ただし、長男が受託者兼受益者の場合でも、同時期に長男以外に別の受益者がいるなら大丈夫ですよ。

⑼ 不動産の共有相続におけるトラブル防止

税理士X
　A吉さんの場合、認知症対策以外にも信託を活用することのメリットがありますよ。

A吉
　どういうことでしょうか？

税理士X
　先ほど、信託終了後に残った財産は、最終的にはC美さんとD太さんに2分の1ずつ承継させたいとおっしゃっていましたが、**不動産を単純な共有にしてしまうと、将来、不動産の譲渡や管理方法など**をめぐって、**共有者間でトラブルになることがあります。**

　例えば、C美さんが不動産を売りたいと思ったとしても、D太さんが反対をすれば、不動産を譲渡することができません。

A吉
　信託を活用する場合にはどうなりますか？

税理士X
　例えば、二次受益者であるB子さんの死亡後、信託を終了させずに、三次受益者をC美さんとD太さんとします。そして、信託の終了事由は、「受託者と受益者が合意した時」と定めます。そうすると、**自宅や賃貸不動産の譲渡や管理方法は受託者が単独で決めることができます。**そして、将来不動産を譲渡して、もう**これ以上信託は必要ない**と思った時点で、**信託を合意終了**します。

A吉
　なるほど。D太は不動産会社に勤めているので、不動産の売り時は、C美よりもD太のほうがよく判断できると思います。そうすると、D太を受託者にした方がよいのでしょうか。でも、D太は日々の仕事が忙しそうなので、受託者の仕事全般はC美にお願いしたいです。

税理士X

　それでしたら、Ｃ美さんを受託者としつつも、**不動産の譲渡に関し\
てはＤ太さんを指図権者にする方法があります。**

　譲渡時期や譲渡先など不動産の譲渡に関する判断は指図権者である\
Ｄ太さんが行い、Ｄ太さんの指図に基づき受託者であるＣ美さんが手\
続きを行うというやり方です。　その他の登場人物 ➡ 65ページ

A吉

　なるほど、よくわかりました。ここまでのところで、信託のだいた\
いのイメージはついてきました。

税理士X

　よかったです。第3章に、信託の活用を検討する上で最低限ご確認\
いただきたい事項の解説や注意点などをまとめていますので、そちら\
もご確認くださいね。

4 スキームの確定 ···

(1) スキームの確定

（X1年3月）

A吉

> 先日はありがとうございました。家族と相談した結果、私の場合は、図表2-15のような信託にしたいと思います。

図表2-15　田中家の信託

主な項目	田中家の場合
信託の目的	受益者の安定した生活を確保すること。これに抵触しない範囲で、帰属権利者が財産を承継すること。
委託者	A吉
受託者	C美 （ただし、C美が受託者をすることが困難になった場合はD太）
受益者・受益割合	①　一次受益者　A吉 ②　二次受益者　B子 ③　三次受益者　B子の法定相続人が法定相続分に応じて受益権を取得する
残余財産の帰属権利者	信託終了直前の受益者
信託財産	①　金銭　XX円 ②　自宅（土地・建物） ③　賃貸不動産（土地・建物）
信託財産の管理・処分等	①　不動産の処分（換価処分のほか建物の取壊し及び新築を含む）については、D太の指図に基づき、受託者が行う ②　①以外については、受託者が相当と認める方法等により行う
受益者への給付等	毎月又は受益者が求めた時期に、家事生活費、医療費、その他の費用等を受益者に給付する
信託報酬	なし
信託の変更	受託者と受益者の合意
信託の終了	次のうちいずれか早い時まで ①　受託者と受益者が合意した時 ②　信託財産がゼロになった時
清算受託者	信託終了直前の受託者

A吉

我が家の信託は、私とB子の認知症対策をメインに考えています。
また、私たちが死んだあと、自宅や賃貸不動産については、築年数などから考えて、C美やD太が生きているうちには売ってしまうと思います。なので、不動産を換金し終わったタイミングで信託が不要であれば、受託者と受益者の合意により信託を終了させるイメージです。
信託契約書の作成は、どなたか専門家の先生を紹介していただけますか？

税理士X

承知致しました。それでは、信託に詳しい弁護士のY先生を紹介させていただきます。一度、Y先生とご面談いただいてから信託契約の草案作りにとりかかりましょう。
A吉さんのメインバンクにも、信託口口座の開設ができるかどうか、確認をとりますね。

A吉

お願いします。信託契約の草案が固まったら、その後はどういう流れになりますか？

税理士X

次は公正証書の作成です。公証役場とのやり取りは、私が間に入ってお手伝いさせていただきます。
まずは公証役場へ連絡して、公証人へ信託契約の草案を送り、内容を確認してもらいます。公証人の指摘で多少内容が変更する可能性がありますので、お含みおきください。公証人からもOKが出れば、公証人、委託者であるA吉さん、受託者であるC美さんの日程調整をし、公証役場へ出向いて信託契約を締結します。

⑵　遺言の検討

A吉

信託する金銭については、どのような書き方になりますか？　すべての金銭を信託しておいたほうがよいのでしょうか？

税理士X

すべての金銭を信託するということは、現実的には難しいです。
　というのも、仮に信託開始時にA吉さんが持っているすべての金銭を信託したとしても、年金の受給口座は、A吉さんの口座しか指定できない（信託口口座や受託者名義の信託用の口座を指定することはできない）ため、すぐに信託外の金銭ができてしまいます。
　ですから、**すぐに使う予定がないまとまった金額は信託しておいて、それ以外は、生活費の出入りがあるような年金受給口座に残しておく**のはどうでしょうか。

A吉

なるほど、そうすると、その信託しなかった金銭については、何か別の対策をしておいたほうがよいですか？

税理士X

はい。**信託しない財産については、遺言で承継者を決めておくと**よいと思います。

A吉

わかりました。では**公正証書遺言もあわせて準備**しましょう。

③　任意後見の検討

A吉

信託と遺言、これだけあればもう認知症になっても万全ですね。

税理士X

信託では財産管理しかできませんので、認知症になったあとの、財産管理以外の法律行為については「任意後見」で備えることを検討する方もいらっしゃいます。図表2-16をご覧ください。

図表2-16　成年後見制度

区　分	対象となる方	援　助　者	
補　助	判断能力が不十分な方	補助人	監督人を選任することがある
保　佐	判断能力が著しく不十分な方	保佐人	
後　見	判断能力が欠けているのが通常の状態の方	成年後見人	
任意後見	本人の判断能力が不十分になったときに、本人があらかじめ結んでおいた任意後見契約にしたがって、任意後見人が本人を援助する （家庭裁判所が任意後見監督人を選任したときから、その契約の効力が生じる）		

（出所：裁判所ホームページ　https://www.courts.go.jp/saiban/qa/qa_kazi/index.html#qa_kazi53）

税理士X

　先日は、成年後見制度のうち「後見」についてご説明しました。「後見」は既に判断能力がなくなった方が対象となる制度ですが、**「任意後見」は、まだ十分な判断能力がある方が、将来判断能力が不十分になった場合に備えて、あらかじめ公正証書で任意後見契約を結んでおき、判断能力が不十分になったときに、その契約に基づいて任意後見人が本人を援助する制度**です。

A吉

任意後見人の仕事はどのようなものなのですか？

税理士X

　主には「財産管理」と「身上監護」（しんじょうかんご）です。このうち**財産管理については、信託契約を締結しておけば、ある程度のことは信託で対応できますが、身上監護については信託では対応できません。**

A吉
"シンジョウカンゴ" とは、どのようなことをいうのですか？

税理士X
　身上監護とは、要介護認定の申請、福祉関係施設の入所契約の締結・費用の支払い、医療契約の締結・費用の支払いなどをすることをいいます。
　また、受託者から受益者へ給付された金銭も、信託の管理外となります。
　頼れる親族がいて関係が良好な場合には、任意後見人がいなくても、身上監護や信託外の財産管理について、親族がご本人をサポートすることで問題なく生活できていることも多いようです。一方、親族に頼れない方や、特定の親族に身の回りのことをお願いしておきたい場合などは、任意後見契約の締結を検討することになります。

A吉
　なるほど。あらかじめ任意後見契約を締結しておいたとして、実際に認知症になったときは、どのように任意後見契約がスタートするのでしょうか？

税理士X
　任意後見受任者等による申立てにより、家庭裁判所が「任意後見監督人」を選任したときに任意後見契約の効力が生じます。

解説

✓ 任意後見契約の発効方法

　任意後見契約の効力を生じさせるためには、本人、配偶者、４親等内の親族又は任意後見人になることを引き受けた人（任意後見受任者）が、家庭裁判所に対し、「本人の判断能力が衰えて任意後見事務を開始する必要が生じたので、『任意後見監督人』を選任してほしい」旨の申立てをします。そして、家庭裁判所が、任意後見人を監督する「任意後見監督人」を選任した時から、任意後見契約の効力が発生し、任意後見受任者は、「任意後見人」となります。

税理士X
　任意後見が開始したら、任意後見人は、任意後見監督人の指示に従って、一定期間ごとに、報告書・財産目録・資料等を任意後見監督人に提出しなければなりません。そういった負担がついてくる点もご理解の上、ご家族で相談してみてくださいね。

5　信託の開始・受託者の最初の任務 ……………………

（X1年5月1日10:00　信託契約の締結を終えて）

C美

> X先生、公証役場へ付き添ってくださりありがとうございました。

A吉

> 無事に信託契約の締結ができて、ホッとしました。

税理士X

> 将来の財産管理については一安心ですね。でも、A吉さん、信託は、契約の締結がゴールではなく、今日からがスタートですよ。

C美

> そうですよね。お父さんはこれで肩の荷がおりたかもしれないけど、私は田中家の大切な財産を預かることになって身が引き締まる思いよ。

税理士X

> まずは、信託した不動産の登記手続ですね。このあと司法書士のZ先生のところで1時間ほど手続きをして、13時に銀行へ口座開設に行きましょう。どちらも事前に信託契約の草案をお渡しして説明し、了承を得ていますから、スムーズにいくと思いますよ。
> 金融機関への事前説明 ➡ 83ページ

C美

> 信託の開始にあたって、税務署に提出が必要な届出はありますか？

税理士X

> 今回は自益信託ですので、信託の開始時に税務署へ提出が必要となる届出はありませんよ。税務署への提出書類 ➡ 75ページ

C美

> ほかに急ぎでやらないといけないことはありますか？

税理士X

　　賃貸不動産の賃借人に、賃貸人が変更になった旨と賃料振込口座が変更となった旨のお知らせをしてください。
　　また、建物の損害保険契約など信託財産に紐づけとなるものの契約についても、契約者の変更手続きをお願いします。

C美

　　わかりました。

税理士X

　　今後は、信託財産に係る入出金は、できるだけ信託用の預金口座を経由するとわかりやすいと思います。もし現金で管理する部分があれば、金銭出納帳に記録してください。いずれの場合も、請求書・領収書・契約書などはすべて残しておいてください。
　　それ以外のことについては、信託財産用にノートを1冊準備していただき、何かあれば記録しておいてくださいね。

帳簿等の作成等、報告及び保存の義務 ➡ 63ページ

6　受託者の主な任務 ··

（X1年12月　確定申告に向けた打ち合わせ）

C美

> 今年もお世話になりました。父は、信託や遺言により相続対策ができたことで心の重荷がなくなったのか、毎日とても楽しそうです。

A吉

> 人生もう一花咲かせたいと思いまして。前からやってみたいと思っていた書道を習い始めました。やってみると奥が深く頭を使うので、認知症対策にもなりそうです。

税理士X

> それはよかったです。ところで、信託のほうは、その後いかがでしたでしょうか？

C美

> 賃貸不動産については、入退去や賃料の滞納もなく、小さな修繕をした程度です。それ以外の財産についても特に変わったことはありませんでした。

税理士X

> そうしましたら、そろそろ「財産状況開示資料」や「信託の計算書」の作成のための準備をはじめましょう。

解説

✅ 財産状況開示資料

「財産状況開示資料」とは、一年に一度、所定の時期に受益者へ報告する書類のことで、信託財産及び信託財産責任負担債務の概況を明らかにするものをいいます。 帳簿等の作成等、報告及び保存の義務 ➡ 63ページ

財産状況開示資料が具体的にどのようなものかは、信託の類型によって異なります。資産の運用を目的とする信託の場合は貸借対照表や損益計算書に類似する書類の作成が必要になりますが、単に物の管理をするにすぎない信託の場合は財産目録に相当する書類が作成されれば足りると考えられています。

✓ 信託の計算書

　「信託の計算書」とは、計算期間1年間における信託財産に係る収益の額の合計額が3万円（計算期間が1年未満の場合は1万5千円）超ある場合や、発行済株式総数の3％未満を所有する上場内国法人からの配当等がある場合等に、翌年1月31日までに受託者が税務署へ提出しなければならない調書のことをいいます。

信託の計算書（毎年1月31日までに提出） ➡ 75ページ

　調書には、その計算期間の信託財産に属する資産・負債・収益・費用等の額を記載します。

C美

　信託開始から今日までの約8か月間の資料はこちらです。財産状況開示資料や信託の計算書は、慣れてきたら私のほうで作るようにしたいと思いますが、最初の1年目はお手伝いしていただけますか？

税理士X

　もちろんです。そうしましたら、年明け早々に信託用の普通預金口座の通帳記帳をしていただき、記帳が終わりましたら、本年分の信託財産に係る以下の書類とともに私の事務所へお持ちください。

> ① 金銭出納帳
> ② 預金通帳
> ③ 領収書・請求書・契約書等の証憑
> ④ その他、信託に係る動きを記録したもの

C美

　わかりました。④については、信託用のノートを作って、それに日々のメモをしていますので、そちらをお持ちしますね。

7　受益者の確定申告

A吉

> 私の確定申告における注意点はありますか？

税理士X

> 　賃貸不動産に係る不動産所得の集計期間はこれまでどおり1月1日から12月31日までの暦年ですが、本年分については、5月1日から信託が開始しましたので、1月1日から4月30日（信託開始の前日）までの4か月分は信託していない不動産に係る不動産所得として、5月1日（信託開始の日）から12月31日までの8か月分は信託した不動産に係る不動産所得として分けて集計することになります。
>
> 　信託後の期間の不動産所得の計算については、受託者から交付される財産状況開示資料を活用しましょう。

A吉

> 　信託前後の不動産所得を分けて集計することで、税金に影響はありますか？

税理士X

> 　もし、信託から生じた不動産所得の損失の金額があるようであれば、その損失は切り捨てとなります。すなわち、他の所得と通算したり、翌年以降へ繰り越したりすることはできません。
>
> 　本年分については、退去がなく、大きな支出もなさそうですから、おそらく損失ではなく所得が出ていると思います。所得が出ているなら、信託前後の期間の所得を合算した結果は同じになりますから、分けて集計することによる税額への影響はありませんよ。
>
> 信託期間中 ➡ 70ページ

A吉

> 　わかりました。

税理士X

　信託から生じる不動産所得がある場合には、確定申告書に、次の書類を添付する必要があります。

① 不動産所得に関し通常添付する書類（青色決算書や収支内訳書）

② 信託から生じる不動産所得につき、次に掲げる項目別の金額その他参考となる事項を記載した明細書

(a) 総収入金額：賃貸料、その他の収入

(b) 必要経費：減価償却費、貸倒金、借入金利子及びその他の経費

A吉

以下の①〜③の3つの決算書を作成するイメージですね。

① 信託から生じる不動産所得を計算するための決算書（信託後の期間分。損失が生じていれば、この段階で最終値を切り捨て）

② ①以外の不動産所得を計算するための決算書（信託前の期間分。損失が生じていてもOK）

③ ①と②の各項目の金額を合算した青色申告決算書

税理士X

ご理解のとおりです。

第3章　信託とは
──解説とチェックリスト

　本章では、民事信託の活用を検討する上で必要となる信託の基礎知識を解説します。**チェックポイント**を確認したら、□に✓マークをつけましょう。

1　信託の基礎知識

(1)　委託者・受託者・受益者

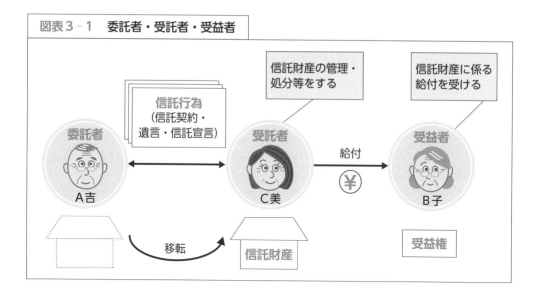

図表3-1　委託者・受託者・受益者

チェックポイント

☐　委託者とは、信託財産のもともとの所有者で、信託を設定する者をいいます。

☐　受託者とは、委託者から信頼されて財産を託された者で、信託行為の定めに従って、信託の目的の達成のために信託財産の管理・処分等の必要な行為をすべき義務を負う者をいいます。

☐　受益者とは、受益権を有し、信託財産から給付を受ける権利を持つ者をいいます。

☐　**信託財産の形式的（対外的）な所有者は受託者です。**これにより、受託者は、その権限に基づき信託財産の管理・処分等を行うことができます。

☐　**税務上は、信託財産に属する資産・負債は受益者のものとみなされ、信託財産に係る収益・費用は受益者に帰属するものとして取り扱われます。**

ある財産について、「その財産から生じる利益を享受する権利」と「その財産を管理・処分等する機能」を分けたい場合などに、信託の活用を検討します。

⑵　自益信託と他益信託

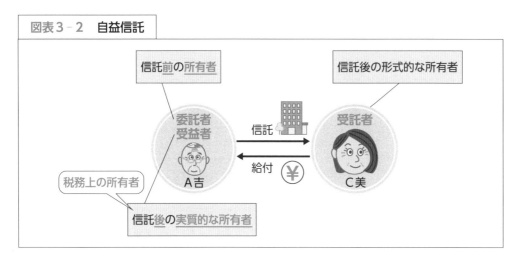

図表3‐2　自益信託

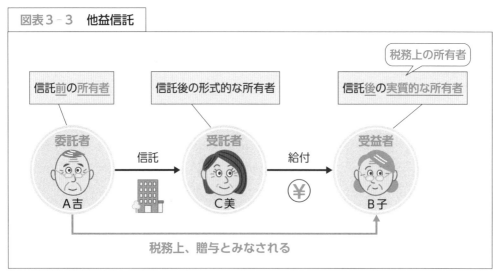

図表3‐3　他益信託

チェックポイント

☐ 委託者と受益者が同じ信託のことを「自益信託」といいます。

☐ 委託者と受益者が異なる信託のことを「他益信託」といいます。

☐ **自益信託か他益信託かにより、信託の効力発生時の税務上の取扱いが異なります。**

☐ 自益信託の場合、委託者（信託前の財産の所有者）と、受益者（税務上、信託後の信託財産の所有者とみなされる者）が同じであるため、信託の効力発生時に課税関係は生じません。 効力発生時 ➡ 68ページ

☐ **他益信託の場合、信託の前後で、税務上の財産の所有者が委託者から受益者に変わる**こととなります。 効力発生時 ➡ 68ページ

　信託設定に際して委託者と受益者との間で適正な対価の授受があった場合には、委託者から受益者へ財産の譲渡があったものと、授受がなかった場合には委託者から受益者へ信託財産の贈与や遺贈があったものとみなされます。

信託財産について、対外的な所有者（財産の名義人）は受託者ですが、税務上の所有者とみなされるのは受益者です。思わぬ課税が生じたということがないよう、この点はしっかり覚えておいてください。

⑶　信託行為・信託の方法・効力発生時期

図表3-4　信託行為・信託の方法・効力発生時期		
信託行為	信託の方法	原則的な効力発生時期
信託契約	委託者と受託者が契約を締結する方法	委託者と受託者との間の契約の締結時
遺　言	委託者が遺言をする方法	遺言の効力の発生時
信託宣言	委託者と受託者が同一の者である場合に、公正証書等に一定事項を記載又は記録する方法。「自己信託」ともいう	(a)　公正証書等による場合は、その公正証書等の作成時 (b)　上記(a)以外は、受益者に対する確定日付のある証書による信託がされた旨及びその内容の通知時

チェックポイント

☐　信託は、「信託契約」「遺言」「信託宣言」の3つの方法のうち、いずれかの方法により設定することができます。

☐　いずれも、公正証書で作成することが必須ではありませんが、実務的には、主に次のような理由から、できる限り**公正証書で作成しましょう。**

　①　金融機関での口座開設等にあたっては、信託行為が公正証書でされたものであることを要件としているところがあり、公正証書で作成しておいたほうが、一般的にはメリットが大きいと考えられること。

　②　公証人は法律の専門家として必ず委託者本人の意思を確認し、信託の手続や内容が適正妥当であるかをチェックした上で公正証書を作成することから、信託行為の時において委託者に意思能力があったことの証明になり、将来における親族内でのトラブルを軽減することができると考えられること。

遺言で信託を設定した場合、信託の効力が発生するのは、「委託者が亡くなった時」です。死後に混乱を招かないよう、少なくとも受託者候補の人には、なぜそのような遺言にするかなどについて、生前にしっかり伝えておきましょう。

⑷　信託の変更

図表3-5　信託の変更					
区　分	変更当事者			方　法	変更内容の通知等
	委託者	受託者	受益者		
①　原　則	○	○	○	合　意	変更後の信託行為の内容を明らかにしてしなければならない
②　信託の目的に反しないことが明らかなもの	ー	○	○	合　意	受託者は、委託者に対し、遅滞なく、変更後の信託行為の内容を通知しなければならない
⒜　かつ、受益者の利益に適合することが明らかなもの	ー	○	ー	書面又は電磁的記録によってする意思表示	受託者は、委託者及び受益者に対し、遅滞なく、変更後の信託行為の内容を通知しなければならない
⒝　かつ、受託者の利益を害しないことが明らかなもの	ー	ー	○	受託者に対する意思表示	受託者は、委託者に対し、遅滞なく、変更後の信託行為の内容を通知しなければならない
③　受託者の利益を害しないことが明らかなもの	○	ー	○	受託者に対する意思表示	ー
④　信託行為に別段の定めがあるもの	○	○	○	その定めによる方法	ー
⑤　特別の事情による信託の変更を命じる裁判があった場合	○	○	○	裁判所への申立て	ー

チェックポイント

☐　信託は効力発生後も変更することができます。

☐　委託者が死亡し、その地位が承継されていない場合など、委託者が存在しなくなった場合には、委託者が変更当事者となる変更（図表3-5中①や③による変更）はできないため、②、④又は⑤のいずれかの方法により変更できないか検討します。

☐　委託者が存在しなくなった後に変更の余地を残しておきたい場合には、「**どのような場合に信託を変更することができるようにするか**」について、**信託行為にしっかり定めておきましょう**。

⑸　信託の終了

信託は次の場合に終了します。

---

① 　**委託者及び受益者が合意したとき**

② 　**信託行為において定めた事由が生じたとき**

③ 　信託の目的を達成したとき、又は達成することができなくなったとき

④ 　**受託者が受益権の全部を固有財産で有する状態が1年間継続したとき**

⑤ 　受託者が欠けた場合であって、新受託者が就任しない状態が1年間継続したとき

⑥ 　信託財産が費用等の償還等に不足している場合において、受託者が一定の規定により信託を終了させたとき　　　　　　　　　　　　　　　　など

チェックポイント

□ 　**受託者が単独の受益者である状態が1年間継続すると、信託は終了します。**
「受託者＝受益者」となった場合に信託を終了させたくないときは、受益者が複数になるようにしたり、受託者を変更したりするようにしましょう。

□ 　**どのような場合に信託が終了するか、信託行為に定めましょう。**

（例）　●受益者が死亡した時

　　　　●受益者が18歳になった時

　　　　●信託開始後20年経過した時

　　　　●信託財産の残高がゼロになった時　など

終了事由は複数定めることもできます。複数定めた場合には、「いずれか早い時」に終了します。

⑹ 残余財産の帰属者

図表3-6　残余財産の帰属者

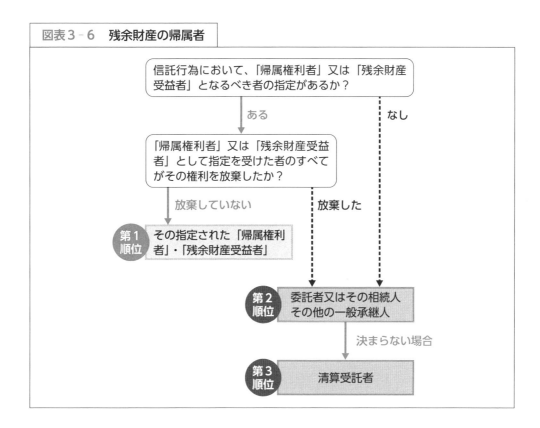

チェックポイント

☐　残余財産の帰属者は、信託行為に必ず定めましょう。

残余財産の帰属者の定めがない場合は、将来のトラブルのもとになったり、税務上の課税関係が不安定になることがあります。後で変更することもできますから、信託行為に必ず定めるようにしましょう。

⑺　受託者の義務・責任・信託財産責任負担債務

図表3-7　受託者の義務

受託者の義務	内　容
①信託事務遂行義務	信託行為の定めに形式的に従うだけではなく、信託の本旨に従って、信託事務を処理しなければならない
②善管注意義務	信託事務の遂行にあたっては、善良な管理者の注意をもってしなければならない
③忠実義務	受益者のため忠実に信託事務の処理その他の行為をしなければならない
④公平義務	受益者が2人以上ある場合には、受益者のために公平にその職務を行わなければならない
⑤分別管理義務	信託財産と受託者の固有財産及び他の信託の信託財産とを、一定の方法により分別して管理しなければならない　**分別管理義務 ➡ 62ページ**
⑥信託事務処理者の監督義務	一定の場合を除き、信託事務を委託した第三者に対し、信託の目的の達成のために必要かつ適切な監督を行う必要がある
⑦信託事務の処理の状況についての報告義務	委託者又は受益者からの求めに応じ、信託事務の処理の状況等を報告しなければならない
⑧帳簿等の作成等、報告及び保存の義務	一定の帳簿等を作成又は取得し、一定期間保存する必要がある。財産状況開示資料について、受益者に報告する必要がある　**帳簿等の作成等、報告及び保存の義務 ➡ 63ページ**

チェックポイント

☐　**受託者候補の方には、上記の義務をしっかり説明しましょう。**

☐　受託者には忠実義務があるため、受託者が利益相反行為や競合行為をすることは、原則として禁止されています。例えば、**信託財産である不動産を受託者が利用するなどの利益相反行為が想定されている場合には、信託行為に別段の定めをしておきましょう。**

☐　受託者には、その任務を怠って信託財産に損失や変更が生じた場合における損失てん補責任及び原状回復責任があります。

☐　**信託に係る対外的な債務については、信託財産だけでなく、受託者の固有財産も履行の責任を負います。**親切心だけで受託者を引き受けるのではなく、連帯保証人になってもよいくらいの関係性・気持ちがある場合に限り、受託者を引き受けるようにしましょう。

☐　**受託者に信託報酬を支払う可能性がある場合には、受託者が信託財産から信託報酬を受ける旨を信託行為に定めましょう**（定めがない場合には、信託報酬を支払うことができません）。

受託者候補の方が図表 3 - 7 に掲げた義務を果たせそうにない場合には、民事信託はあきらめ、商事信託で実行することを検討しましょう。

⑻　分別管理義務

図表3‑8　主な分別管理の方法

財産の種類	分別管理の方法
①金銭・債権	その計算を明らかにする方法
②動産（金銭を除く）・無記名債権	信託財産と受託者の固有財産及び他の信託の信託財産に属する財産とを外形上区別することができる状態で保管する方法
③有価証券	信託の登録
④車両・船舶	信託の登録
⑤土地・建物・大型船舶	信託の登記
⑥知的財産	信託の登録

チェックポイント

☐ 受託者は、「信託財産」と「受託者の固有財産」及び「他の信託の信託財産」とを、分別管理しなければなりません。

☐ 「①　金銭・債権」については、例えば、信託財産に係る帳簿を作成するなどの方法により、分別管理します。また、信託行為に別段の定めがあるときは、その定めによります。

☐ 「②　動産（金銭を除く）・無記名債権」については、例えば、信託財産である机に、その旨を記載したシールを貼ったり、個別にシールを貼らずとも保管場所や帳簿上の記載から信託財産であることを特定したりするなどの方法により、分別管理します。また、信託行為に別段の定めがあるときは、その定めによります。

☐ 「③　有価証券」については、例えば、証券会社等で信託の登録を行うことにより、分別管理します。しかし、すべての証券会社等が必ずしも民事信託に精通しているわけではなく、信託の登録をするために時間がかかることや、信託の登録ができない場合もあります。

☐ 金融機関で預貯金や有価証券についての信託口口座を開設したい場合には、信託行為が草案の段階で、金融機関に口座開設可能かどうかを確認するようにしましょう。　金融機関への事前説明 ➡ 83ページ

⑼　帳簿等の作成等、報告及び保存の義務

図表3-9　作成等が必要な書類及び保存期間

作成時期	作成等が必要な書類	保存期間
①随時作成	信託帳簿	(原則)　作成後10年間 (例外)　受益者に写し等を交付した場合は保存義務なし
②随時、作成又は取得	信託事務の処理に関する書類 （例） ・信託財産の処分に係る契約書	(原則)　作成又は取得後10年間 (例外)　受益者に写し等を交付した場合は保存義務なし
③1年に1回、一定の時期に作成	財産状況開示資料 （例） ・貸借対照表 ・損益計算書 ・財産目録	(原則)　信託の清算の結了の日まで (例外)　作成から10年経過後に受益者に写し等を交付した場合は保存義務なし

チェックポイント

☐　信託帳簿とは、信託事務に関する計算並びに信託財産及び信託財産責任負担債務の状況を明らかにする帳簿等の書類又は電磁的記録のことをいいます。

☐　**信託帳簿は、仕訳帳や総勘定元帳等の会社の経理処理に使われるような「帳簿」に限定されません。**また、一つの書面として作成する必要はなく、他の目的で作成された書類等をもって信託帳簿とすることができます。

☐　財産状況開示資料とは、信託財産及び信託財産責任負担債務の概況を明らかにする書類のことをいいます。

☐　財産状況開示資料が具体的にどのようなものかは、信託の類型によって異なります。**資産の運用を目的とする信託の場合は貸借対照表や損益計算書に類似する書類の作成が必要になりますが、単に物の管理をするにすぎない信託の場合は財産目録に相当する書類が作成されれば足りる**と考えられています。

⑩　受益者連続型信託

図表 3 - 10　受益者連続型信託

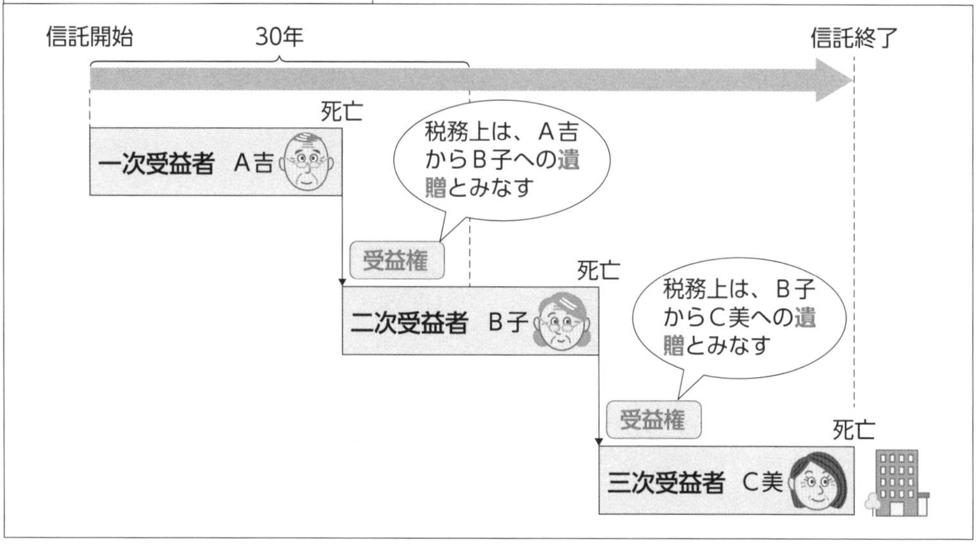

チェックポイント

☐　受益者連続型信託とは、信託行為に、受益者が死亡した場合等の次の受益者についての定めがある信託をいいます。

☐　受益者を連続させる期間には限りがあり、「最初の信託開始から30年を経過後に新たに受益権を取得した受益者（図表 3 - 10ではC美）が死亡した時点」で信託は終了します。

☐　図表 3 - 10のように、一次受益者であるA吉の死亡によりB子が二次受益者に、B子の死亡によりC美が三次受益者になる旨が定められていた場合、税務上は、B子はA吉からの遺贈により受益権を取得したものとみなされ、C美はB子からの遺贈により受益権を取得したものとみなされます。

⑪　その他の登場人物

図表3-11　その他の登場人物

登場人物	内　容
①信託監督人	受益者のために受託者を監督する者。例えば、受益者が高齢者や未成年者であるなど、受益者が受託者を監視・監督することが困難な場合等に活用する
②受益者代理人	受益者のために受益者の権利を行使する者。例えば、複数の受益者が存在する場合において受益者の権利を統一行使したいときや、受益者が重度の知的障害者であったり認知症であったりする場合等に活用する
③受益者指定権者	受益者を指定できる権利をもつ者
④受益者変更権者	受益者を変更できる権利をもつ者
⑤同意権者	受託者が行う信託財産の管理・処分等について、同意をする権利を持つ者
⑥指図権者	受託者が行う信託財産の管理・処分等について、指図をする権利を持つ者
⑦信託事務処理者	信託事務の処理を、受託者から委託された者
⑧信託管理人	受益者が現に存在しない場合において、受益者のために受益者の権利を行使することができる者

チェックポイント

☐　「委託者」「受託者」「受益者」のほか、任意で上記のような登場人物を設定することができます。

☐　認知症対策や、重度の知的障害者の方を受益者とする信託の場合には、信託監督人や受益者代理人などの選任について、検討しましょう。

⑿　商事信託の検討

図表3-12　民事信託と商事信託の主なメリット・デメリット

	民事信託	商事信託
メリット	● 信託報酬（受託者が受ける報酬）をゼロとすることも可能 ● 信託できる財産や受益者は、法令に反しない限り制限なし ● 変更・解約等について、柔軟な設計が可能	● 民事信託で家族等が受託者となる場合と比べ、その家族等の手間が減る ● 民事信託に比べれば、受託者が不正をする可能性は低いと推定される（公正性・中立性が高い）
デメリット	● 信頼でき、かつ適切に事務処理ができる受託者が身近に見つからない場合がある ● 受託者となった家族等に負担がかかる ● 万が一受託者が不正をした場合には、それをみつけにくい可能性がある	● 基本的に、信託報酬がかかる ● パッケージ化された商品の中からしか信託のスキームを選択できない場合がある ● 信託できる財産や受益者に制限がある場合がある ● 途中で変更・解約をすることができない場合がある

チェックポイント

☐ 民事信託とは、一般的に、家族や同族会社などが、営業としてではなく受託者となる信託のことをいいます。

☐ 商事信託とは、一般的に、信託会社や信託銀行が、営業として受託者となる信託のことをいいます。

☐ 家族信託とは、一般的に、家族のための信託のことをいいます。民事信託の一部を表すために使われることが多いですが、商事信託において用いられることもあります。

☐ **商事信託と民事信託のどちらがよいかについては、個々のご家庭の事情に応じて、ケースバイケースでの判断となります。**

☐ **コスト面や、設計・運用の柔軟性を考えれば、一般的には民事信託の方が活用しやすい**といわれています。

☐ **民事信託のデメリットとして、受託者の候補として適切な者が身近にいない場合があること、受託者が不正をした場合に見つけにくいこと、受託者に負担がかかること等があります。メリットに比べてこのようなデメリットが大**

きいと判断されるときは**商事信託の活用を検討します。**

☐　旧耐震で耐震補強がされていない建物や、違反建築の建物は、商事信託では引き受けできません。そういった建物を信託したい場合は、民事信託の活用を検討することとなります。

☐　**信託会社には、運用型の信託会社と、管理型の信託会社とがあります。**

☐　信託業法により、運用型の信託会社は信託業の免許を得て、管理型の信託会社は管理型信託業の登録をして信託業務を行っています。

☐　**運用型の信託会社の場合は、自らの裁量で信託された財産の管理・運用を行うことができます。**例えば、家賃設定や、日常の修繕については、信託会社の裁量で受益者にとって有利となるように判断して行うことができます。

☐　**管理型の信託会社の場合は、委託者等から指図を受けて信託財産の管理のみを行います。**

☐　一口に信託会社といっても、信託業の免許の有無によって、ある程度お任せで賃貸不動産を管理・運用できるところなのか、管理のみの業務しか受託できずその都度指図が必要になるところなのかが異なります。商事信託の活用を検討する場合には、委託したい信託会社がどちらのタイプのものなのかを、事前にしっかり確認するようにしましょう。

2　税務上の取扱い

(1)　効力発生時

図表3-13　無償による他益信託の設定があった場合（税務上の考え方）

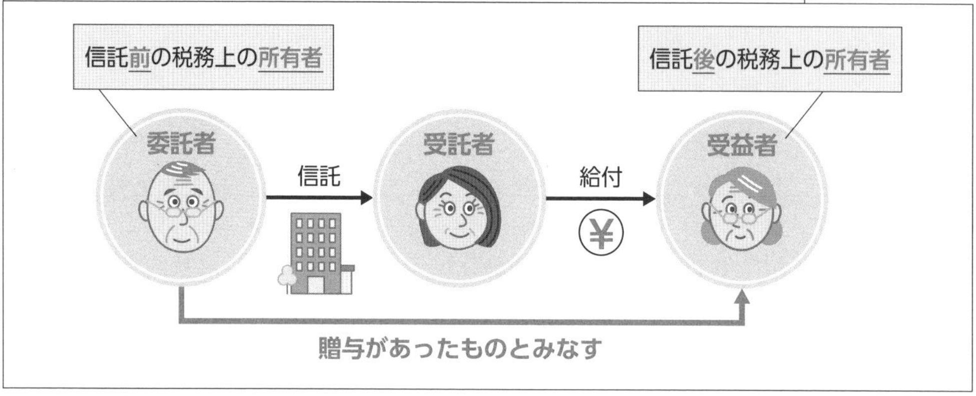

図表3-14　信託の効力発生時の主な流通税

種　類	税額等
印紙税	信託契約1通につき200円
登録免許税 （不動産の所有権の信託の登記）	固定資産税評価額×0.4%※ ※　土地の場合、令和8年3月31日までは0.3%
不動産取得税	かからない

チェックポイント

- [ ] 税務上は実質で課税関係を判断するため、信託があった場合には、受益者が信託財産の所有者であるとみなして課税関係を考えます。

- [ ] **自益信託（委託者＝受益者）の場合には、信託財産について実質的な所有者が変わらないと考えて、流通税以外の課税関係は生じません。**

- [ ] **他益信託（委託者≠受益者）の場合には、信託財産について実質的な所有者が委託者から受益者に変わったものと考えて、次のような課税関係が生じます。**

  ① 適正対価の授受がある場合

  　委託者から受益者へ、信託財産の譲渡があったものとして取り扱われます。

  ② 適正対価の授受がない場合

  　(a) **委託者の存命中に信託の効力が生じたとき**

  　　委託者から受益者へ信託財産の贈与があったものとみなされ、受益者において、贈与税の課税対象となります（図表3-13）。

  　(b) **委託者の死亡により信託の効力が生じたとき**

  　　委託者から受益者へ信託財産の遺贈があったものとみなされ、受益者において、相続税の課税対象となります。

- [ ] 他益信託の場合において、受益者別に計算した信託財産の価額の合計額（相続税評価額）が50万円を超えるときは、「信託に関する受益者別（委託者別）調書」を、効力が生じた月の翌月末日までに、受託者の事務所等の所在地の所轄税務署長に提出します。

  信託に関する受益者別（委託者別）調書（臨時的に提出）➡ 77ページ

- [ ] 自益信託の場合も、他益信託の場合も、信託の効力発生に伴い流通税が課されます。

⑵　信託期間中

図表 3-15　無償による受益者の変更があった場合（税務上の考え方）

図表 3-16　受益者や権利内容の変更があった場合の主な流通税

種　類	税額等
印紙税	次の場合、信託契約１通につき200円 ・信託契約書を作成し直す場合 ・１万円以上の受益権の譲渡契約書を作成する場合
登録免許税（不動産の所有権の信託の登記）	登記事項に変更があった場合、不動産１個につき1,000円
不動産取得税	かからない

チェックポイント

☐　**信託財産に属する資産・負債は、受益者のものとみなされます。**

☐　**信託財産に帰せられる収益・費用は、受益者に帰属するものとみなされます。**

☐　受益者の変更があった場合には、信託財産について実質的な所有者が変更前の受益者から変更後の受益者に変わったものと考えて、次のような課税関係が生じます。

①　適正対価の授受がある場合

変更前の受益者から変更後の受益者へ、信託財産の譲渡があったものとして取り扱われます。

②　適正対価の授受がない場合

(a)　変更前の受益者の存命中に受益者が変更されたとき

　　　　変更前の受益者から変更後の受益者へ信託財産の贈与があったものと
　　みなされ、変更後の受益者において、贈与税の課税対象となります。

　(b)　**変更前の受益者の死亡により受益者が変更されたとき**

　　　**変更前の受益者から変更後の受益者へ信託財産の遺贈があったものと
　　みなされ、変更後の受益者において、相続税の課税対象となります**（図
　　表3-15）。

☐　受益者の変更があった場合において、受益者別に計算した信託財産の価額の
　　合計額（相続税評価額）が50万円を超えるときは、「信託財産に関する受益
　　者別（委託者別）調書」を、変更があった月の翌月末日までに、受託者の事
　　務所等の所在地の所轄税務署長に提出します。

　　信託に関する受益者別（委託者別）調書（臨時的に提出）➡ 77ページ

☐　賃貸不動産については、租税回避防止規定があります。**受益者の不動産所得
　　の金額の計算上、信託財産から生じる不動産所得に係る損失の金額はなかっ
　　たものとみなされ、信託をしていない不動産に係る不動産所得の金額や他の
　　所得の金額と損益通算をすることや、純損失の繰り越しをすることはできま
　　せん**（信託財産に係る不動産所得の赤字は切り捨てとなります）。

☐　信託期間1年間における信託財産に係る収益の額の合計額が3万円（計算期
　　間が1年未満の場合は1万5千円）超ある場合や、発行済株式総数の3％未
　　満を所有する上場内国法人からの配当等がある場合等には、受託者は、翌年
　　1月31日までに「信託の計算書」を受託者の事務所等の所在地の所轄税務署
　　長へ提出しなければなりません。

　　信託の計算書（毎年1月31日までに提出）➡ 75ページ

☐　一定の変更があった場合には、流通税が生じます。

⑶　終了時

図表3-17　信託の終了時の主な流通税

種　類	税額等
登録免許税（不動産の所有権の移転の登記）	①　原　則 　　固定資産税評価額×2％ ②　特例1（実質的な移転がなく、非課税となる場合） 　　次の2要件を満たした場合は非課税 　（a）信託の効力発生時から委託者のみが信託財産の元本の受益者である 　（b）信託終了に伴い信託財産を取得するのが信託の効力発生時の委託者である ③　特例2（相続による移転とみなし、軽減税率が適用される場合） 　　次の2要件を満たした場合は、固定資産税評価額×0.4％ 　（a）信託の効力発生時から委託者のみが信託財産の元本の受益者である 　（b）信託終了に伴い信託財産を取得するのが信託の効力発生時の委託者相続人である
登録免許税（不動産の所有権の信託の登記の抹消）	不動産1個につき1,000円（同一の申請により20個を超える不動産について抹消する場合は、申請件数1件につき2万円）
不動産取得税	①　原則（下記②以外の場合） 　　固定資産税評価額（宅地については固定資産税評価額×1/2）×4％※ 　※　令和6年3月31日までの土地又は住宅の取得については3％ ②　例外（非課税となる場合） 　　次の2要件を満たした場合は非課税 　（a）信託の効力発生時から委託者のみが信託財産の受益者である 　（b）信託終了に伴い信託財産である不動産を取得するのが、委託者、又は委託者から相続をした者である

チェックポイント

☐ 信託の終了直前の**受益者と帰属権利者が同じ場合**には、信託の終了前後で、信託財産について実質的な所有者が変わらないと考えて、**流通税以外の課税関係は生じません。**

☐ 信託の終了直前の**受益者と帰属権利者が異なる場合**には、**残余財産についての実質的な所有者が受益者から帰属権利者に変わったものと考えて、次のような課税関係が生じます。**

　① 適正対価の授受がある場合

　　受益者から帰属権利者へ、残余財産の譲渡があったものとして取り扱われます。

　② 適正対価の授受がない場合

　(a) 受益者の存命中に信託が終了したとき

　　受益者から帰属権利者へ残余財産の贈与があったものとみなされ、帰属権利者において、贈与税の課税対象となります。

　(b) **受益者の死亡により信託が終了したとき**

　　受益者から帰属権利者へ残余財産の遺贈があったものとみなされ、帰属権利者において、相続税の課税対象となります。

☐ 信託終了直前の受益者と帰属権利者が異なる場合において、受益者別に計算した信託財産の価額の合計額（相続税評価額）が50万円を超えるときは、「信託財産に関する受益者別（委託者別）調書」を、信託が終了した月の翌月末日までに、受託者の事務所等の所在地の所轄税務署長に提出します。

信託に関する受益者別（委託者別）調書（臨時的に提出）➡ 77ページ

☐ 信託の終了に伴い流通税がかかります。

⑷　受益権の評価

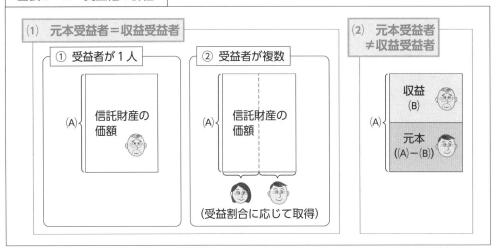

図表3-18　**受益権の評価**

チェックポイント

□　受益権の評価は、信託財産を受益者が有しているものとみなして、信託財産の価額(A)を計算します。例えば、賃貸アパートが信託財産の場合は、土地については貸家建付地の評価、建物については貸家の評価をします。

□　**元本と収益の受益者が同じで、受益者が1人の場合**（図表3-18⑴①）
　　課税時期における信託財産の価額(A)が、受益権の評価額となります。

□　**元本と収益の受益者が同じで、受益者が複数の場合**（図表3-18⑴②）
　　課税時期における信託財産の価額(A)に、それぞれの受益割合を乗じたものが、それぞれの受益権の評価額となります。

□　元本と収益の受益者が異なる場合（図表3-18⑵。複層化信託）
　　個々の信託行為の内容に応じて特殊な計算が必要となります。税務上妥当とされる評価額を算定することが難しい場合もあることから、慎重な検討が必要です。複層化信託の活用を検討する場合は、信託に詳しい専門家に、個別に問い合わせるようにしてください。

⑸　税務署への提出書類

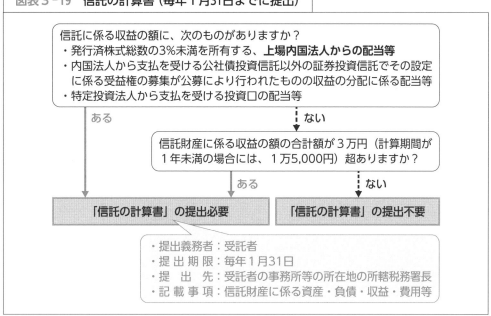

図表3−19　信託の計算書（毎年１月31日までに提出）

信託に係る収益の額に、次のものがありますか？
・発行済株式総数の3％未満を所有する、**上場内国法人からの配当等**
・内国法人から支払を受ける公社債投資信託以外の証券投資信託でその設定に係る受益権の募集が公募により行われたものの収益の分配に係る配当等
・特定投資法人から支払を受ける投資口の配当等

ある

ない

信託財産に係る収益の額の合計額が３万円（計算期間が１年未満の場合には、１万5,000円）超ありますか？

ある

ない

「信託の計算書」の提出必要

「信託の計算書」の提出不要

・提出義務者：受託者
・提 出 期 限：毎年１月31日
・提　出　先：受託者の事務所等の所在地の所轄税務署長
・記 載 事 項：信託財産に係る資産・負債・収益・費用等

チェックポイント

☐　**信託財産のうちに上場株式や賃貸不動産がある場合**には、配当等を受け取ったり、年３万円超の賃料を受け取ったりすることが多いと思われます。信託財産のうちにこれらの財産がある場合には、**「信託の計算書」を提出する**前提で考えておきましょう。

☐　賃貸不動産をお持ちの方の場合、信託をする前は、所得税の確定申告期限である３月15日までに不動産所得の集計をすればよかったところ、信託後は**１月31日まで**に信託財産に属する資産・負債・収益・費用等を集計する必要があるため注意が必要です。

信　託　の　計　算　書
（自　　年　月　日至　　年　月　日）

信託財産に帰せられる収益及び費用の受益者等	住所(居所)又は所在地		
	氏名又は名称		番号
元本たる信託財産の受益者等	住所(居所)又は所在地		
	氏名又は名称		番号
委託者	住所(居所)又は所在地		
	氏名又は名称		番号
受託者	住所(居所)又は所在地		
	氏名又は名称	(電話)	
	計算書の作成年月日	年　月　日　番号	

○「番号」欄に個人番号（12桁）を記載する場合には、右詰で記載します。

信託の期間	自　　年　月　日　至　　年　月　日	受益者等の異動	原因	
信託の目的			時期	
受益者等に交付した利益の内容	種類		受託者の受けるべき報酬の額等	報酬の額又はその計算方法	
	数量			支払義務者	
	時期			支払時期	
	損益分配割合			補てん又は補足の割合	

収益及び費用の明細

収益の内訳	収益の額 千円	費用の内訳	費用の額 千円
収益		費用	
合計		合計	

資産及び負債の明細

資産及び負債の内訳	資産の額及び負債の額 千円	所在地	数量	備考
資産				
合計		(摘要)		
負債				
合計				
資産の合計－負債の合計				

整理欄	①	②

357

（出所：国税庁ホームページ　https://www.nta.go.jp/taxes/tetsuzuki/shinsei/annai/hotei/23100054.htm）

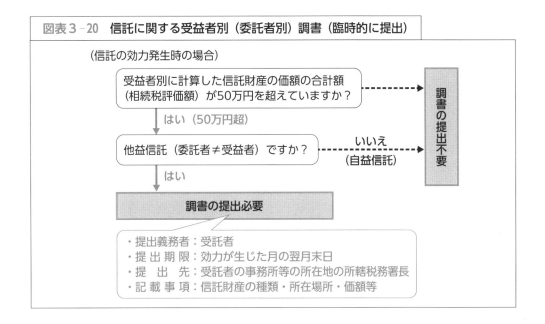

図表 3 - 20　信託に関する受益者別（委託者別）調書（臨時的に提出）

（信託の効力発生時の場合）

受益者別に計算した信託財産の価額の合計額（相続税評価額）が50万円を超えていますか？ → 調書の提出不要

はい（50万円超）

他益信託（委託者≠受益者）ですか？ → いいえ（自益信託） → 調書の提出不要

はい

調書の提出必要

・提出義務者：受託者
・提 出 期 限：効力が生じた月の翌月末日
・提　出　先：受託者の事務所等の所在地の所轄税務署長
・記 載 事 項：信託財産の種類・所在場所・価額等

チェックポイント

□　信託の効力発生時、受益者の変更時、信託の終了時などにおいて、**税務上、50万円超の贈与・遺贈が認識される場合**には、「**信託に関する受益者別（委託者別）調書」を提出します**（効力発生時の判定は図表 3 -20）。

□　**提出期限は、50万円超の贈与・遺贈が認識された月の翌月末日です。**調書を準備するための期間が短いため、特に受益者の死亡により、受益者に変更があった場合や、信託が終了した場合には、注意が必要です。

信託に関する受益者別（委託者別）調書

受益者	住所（居所）		氏名又は名称	
			個人番号又は法人番号	
特定委託者	又は		氏名又は名称	
			個人番号又は法人番号	
委託者	所在地		氏名又は名称	
			個人番号又は法人番号	

信託財産の種類	信託財産の所在場所	構造・数量等	信託財産の価額

信託に関する権利の内容	信託の期間	提出事由	提出事由の生じた日	記号番号
	自　　・　・ 至　　・　・		・　・	

(摘要)

(令和　　年　　月　　日提出)

受託者	所在地又は住所（居所）	（電話）
	営業所の所在地等	（電話）
	名称又は氏名	
	法人番号又は個人番号	

整理欄	①	②

358

○「個人番号又は法人番号」欄に個人番号（12桁）を記載する場合には、右詰で記載します。

（出所：国税庁ホームページ　https://www.nta.go.jp/taxes/tetsuzuki/shinsei/annai/hotei/23100063.htm）

第4章　専門家や当事者が押さえておくポイント

1　実行前

> (1)　本当に信託の活用が最適なのか
>
> (2)　受託者の適性を見極める
>
> (3)　信託の実行前にしておくべき対策がないか
>
> (4)　受益者のための信託となっているか
>
> (5)　固定資産税評価額が高い不動産を信託する場合
>
> (6)　賃貸不動産を信託する場合
>
> (7)　「受益者が存しない信託」とならないか
>
> (8)　金融機関への事前説明

(1)　本当に信託の活用が最適なのか　（信託ありきで考えない）

　まずは、**委託者候補の方の財産状況**（信託するしないにかかわらず、基本的にはすべての財産）、**家族構成、家族への財産承継の考え方・想いをしっかり確認した上で、信託の活用が最適なのかどうかを考えましょう。**

　信託の普及に伴い、「ぜひ信託を活用したい！」と信託の活用ありきでの対策を希望される方がいます。しかし、よくお話を聞くと、**信託を活用する必要がないことも多くあります。**もっとシンプルに低コストで解決できるケースもありますし、将来の相続税対策を考えた場合には、信託を実行する前に他の方法で対策しておいたほうがよいケースもあります。

　短期的な視点で信託を実行してしまうと、信託後に相続税対策をしようとしても財産が信託で縛られていて効果的な対策ができないことがあります。1人1人が抱える

問題や前提条件は様々であるため、世間一般的に言われている活用事例と状況が似ているからといって、信託の活用がベストな解決法であるとは限りません。委託者候補にとって、本当に信託が必要なのかどうかということや、実行のタイミングについては、専門家を交えて幅広い視野で検討する必要があります。

（2）　受託者の適性を見極める（民事信託ありきで考えない）

　民事信託は、商事信託と比べて低コストかつ柔軟性のある設計にすることができるというメリットがあります。そのため、「ぜひ民事信託を活用したい」と考える方は多いです。

　しかし、受託者とは、「信託行為の定めに従い、信託財産に属する財産の管理又は処分及びその他の信託の目的の達成のために必要な行為をすべき義務を負う者」であり、受託者には、信託事務遂行義務の他、善管注意義務、忠実義務、公平義務、分別管理義務、帳簿等の作成・報告及び保存の義務等の義務があります。

受託者の義務・責任・信託財産責任負担債務　➡ 60ページ

　したがって、信頼できる家族であれば誰でも受託者になれるかというとそうではなく、これらの義務を適切に果たせる能力がある者を受託者として選任する必要があります。

　また、信託財産から支払わなければならない債務については、基本的に受託者の固有財産についても責任財産となります。したがって、特に家族以外の者が軽い気持ちで民事信託の受託者になることにも注意が必要です。

　つまり、民事信託のデメリットとしては、①信頼でき、かつ適切に事務処理ができる受託者が身近に見つからない場合があること、②身近な家族等の中から受託者が見つかった場合であってもその者に負担がかかること、③万が一受託者が不正をした場合にはそれをみつけにくいこと等があげられます。

　したがって、何がなんでも民事信託で実行しようとするのではなく、適切な受託者がみつからない場合や、商事信託で実行した方が効率的・安心であると考えられる場合等には、早い段階で商事信託の活用を検討するようにしましょう。

商事信託の検討　➡ 66ページ

⑶　信託の実行前にしておくべき対策がないか

　信託を実行する際には、信託をする財産のみについて短期的な視点で考えるのではなく、**信託をする財産・信託をしない財産すべてについて、その承継方法・移転時期・納税資金等を検討し**、**信託をしない財産については遺言書を作成したり生前贈与したりするなど、円滑・円満な相続・事業承継のために必要な対策をしておくこと**が望ましいと考えます。

　例えば、信託財産である株式については、現行法令上、いわゆる事業承継税制を適用することはできません。また、商事信託の場合には、信託行為の効力発生後には原則として変更・解約ができないことがあります。

⑷　受益者のための信託となっているか

　専門家が信託の設計について相談を受ける際には、「委託者の家族の中で誰が主導して信託を実行しようとしているか」という点にも注意が必要です。特に**委託者の推定相続人が相談窓口となっている場合には、それが本当に委託者の希望なのか、委託者の意思を早めに確認するようにしましょう。**

　また、例えば、認知症対策の民事信託で、信託の目的を「受益者の幸福のため」としつつも、信託期間中に受益者への生活費等の給付が全くなく、受益者が認知症を発症した後の信託監督人や受益者代理人の選任について検討をせず、受託者兼帰属権利者である推定相続人に最大限利益が残るような仕組みを希望している場合（「それで受益者は幸福といえるの？　幸福になるのは受託者じゃないの？」と聞きたくなってしまうような場合）等にも注意が必要です。このような場合、家族構成や財産状況によっては、将来的に他の推定相続人との間でトラブルになる可能性がありますし、税務上の課税関係が不安定になることもありますし、このような信託行為を公正証書で作成しようとしても、内容によっては公証役場で受け付けてもらえないこともあります。

⑸　固定資産税評価額が高い不動産を信託する場合

　信託の効力発生時の課税は、信託契約による場合はその印紙税が200円、不動産取得税はかからず、不動産を信託した場合の「所有権の移転の登記」についても登録免許税はかかりません。さらに、自益信託であれば所得税・法人税・相続税・贈与税等の課税も生じません。これらのことから、信託の効力発生時の税負担はあまりないと考えがちです。

　しかし、不動産を信託した場合には「所有権の信託の登記」が必要となり、この登録免許税は固定資産税評価額×0.4％（土地の場合、令和8年3月31日までは0.3％）です。固定資産税評価額が高い不動産を信託しようとしている場合や、複数の不動産を信託しようとしている場合などには、委託者が考えているよりも信託の効力発生時のコストがかかることがあります。「所有権の信託の登記」に係る登録免許税は早めに試算しましょう。 **効力発生時 ➡ 68ページ**

⑹　賃貸不動産を信託する場合

　信託から生じる損失については、租税回避防止規定が設けられています。

　すなわち、受益者の不動産所得の金額の計算上、信託財産から生じる不動産所得に係る損失の金額はなかったものとみなされ、信託をしていない不動産に係る不動産所得の金額や他の所得の金額との損益通算をすることや、純損失の繰越しをすることはできません。

　したがって、**修繕や取り壊し等により多額の損失が見込まれる賃貸建物を信託する**ことによるデメリットとしては、**損失が生じた場合に損益通算や純損失の繰越しができない**ということがあります。反対に、**信託をしないことによるデメリットとしては、財産所有者が認知症になった後は、財産所有者が法律行為をすることができなくなる**ことから、**賃貸建物の活用に制限が加わること**などがあります。賃貸不動産を信託する場合、こういった**デメリットを比較して、信託するかどうかを判断する**ようにしましょう。

(7)　「受益者が存しない信託」とならないか

　信託の設計の際には、将来的に「受益者が存しない信託」とならないよう、注意して設計しましょう。

　例えば、信託期間を20年と定めた場合において、信託開始後３年目に当初受益者が死亡し、次に予定している受益者がまだ生まれていなかった（かつ、その場合の予備的な受益者の定めもなかった）とします。信託の目的によってはその時点で信託は終了しますが、継続する場合、税務上、「受益者が存しない信託」となり、租税回避防止の観点から、余計な税負担が生じることがあります。例えば、予定していた受益者がすべて死亡したら信託を終了させる定めや、予備的な受益者の定めなどをしておきましょう。

(8)　金融機関への事前説明（信託口口座の開設を希望する場合、借入がある場合、借入を想定している場合など）

　受託者には分別管理義務があり、金銭については、基本的には金融機関で信託口口座を開設して管理することが望ましいと考えられます。

信託財産・分別管理義務 ➡ 23ページ　　分別管理義務 ➡ 62ページ

　また、信託法上、信託前に生じた委託者の債務については、信託行為の定めにより、受託者が信託財産責任負担債務として引き受けることができます。加えて、受託者に対して借入権限を付与する信託行為の定めをした場合には、受託者がこれに基づいて信託財産のために借入をすることができます。

　しかし、このように信託法上、「しなければならないとされていること」や、「できるとされていること」であっても、**すべての金融機関が必ずしも民事信託に精通しているわけではなく、対応してもらえない場合があります。**すなわち、信託口口座を開設させてもらえない、借入のある物件を信託したいときに反対される、信託で借入をしたいときに融資してもらえないことがあります。

　上記の行為を予定している場合には、信託行為が草案の段階で金融機関に対応可能かどうかを確認するようにしましょう。

2　実行時 ……………………………………………………………

> (1)　信託行為は公正証書で作成する
> (2)　関係者へしっかり説明する

(1)　信託行為は公正証書で作成する

　信託行為は必ずしも公正証書で作成しなければならないものではありません。しかし、公証人は法律の専門家として必ず委託者本人の意思を確認し、信託の手続や内容が適正妥当であるかをチェックした上で公正証書を作成することから、信託設定の時点において委託者本人に意思能力があったことの証明になり、将来におけるトラブルを軽減することができます。また、金融機関での対応も、信託行為が公正証書によって作成されているほうがスムーズにいく場合が多いようです。**信託行為は、公正証書で作成する前提で検討しましょう。**

(2)　関係者へしっかり説明する

　例えば、遺言により信託を設定する場合、遺言書を作成した時点ではまだその効力は生じていないため、受託者として指定されている者に対して、遺言の作成時に信託の内容を知らせないこともできます。しかし、遺言者（委託者）の死亡後に、相続人が遺言をみてみたら、信託が設定されていたとなると混乱や誤解を生む可能性もあります。

　このことから、遺言による信託の受託者のように、まだ信託に関与するのが先である者に対しても、特別な事情がない限り、信託行為の作成時点で、信託の趣旨や内容を説明し、その同意を得るようにしたほうがよいでしょう。

3　実行後 ···

---

(1)　受託者がちゃんと義務を果たしているか

(2)　2～3年ごとの見直し

---

(1)　受託者がちゃんと義務を果たしているか

　信託は、信託契約の締結がゴールではありません。

　実行した民事信託がスムーズに運営されているか、受託者がその義務を果たしているか等を適宜確認しましょう。

受託者の義務・責任・信託財産責任負担債務 ➡ 60ページ

(2)　2～3年ごとの見直し

　家族関係の変化等に応じて、信託の内容を変更したくなるケースがあります。将来的に信託の内容を見直す可能性がある場合には、あらかじめ変更しやすい信託の設計にしておくことを検討しましょう。 信託の変更 ➡ 57ページ

巻末資料　我が家の信託

現時点での信託について、考えを書いてみましょう。

主な項目	我が家の場合	解　説
信託の目的		41、81ページ
委託者		14、52ページ
受託者	（当初） （予備）	14、52ページ
受益者・受益割合		14、52ページ
残余財産の帰属権利者		59ページ
信託監督人	要（　　　　　　　　　　）・不要	65ページ
受益者代理人	要（　　　　　　　　　　）・不要	65ページ
その他の人物 （　　　　　）		65ページ
信託財産		23、62ページ
信託財産の管理・処分等		39、41ページ
受益者への給付等		21、41ページ
信託報酬		17、61ページ
信託の変更		57ページ
信託の終了		58ページ

著 者 略 歴

宮田 房枝（みやた　ふさえ）

・・

【経　歴】

1979年（昭和54年）	三重県生まれ
2001年（平成13年）	税理士試験合格
2002年（平成14年）	上智大学経済学部卒業
	大原簿記学校税理士講座本部専任講師、新日本アーンスト　アンド　ヤング税理士法人（現EY税理士法人）、税理士法人タクトコンサルティング他での20年の勤務経験を経て
2022年（令和4年）	宮田房枝税理士事務所　開業
	東京税理士会所属、信託法学会会員

・・

【主な著書等】

『相続税ハンドブック〈令和5年度版〉』（中央経済社、2023）

『新相続法と信託で解決する相続法務・税務Q&A』（共著、日本法令、2020）

『改正相続法・税制改正対応 "守りから攻め" の事業承継対策Q&A』（共著、ぎょうせい、2019）

『Q&A国際相続の実務と国外転出時課税』（共著、日本法令、2019）

『図解　相続対策で信託を使いこなす』（中央経済社、2019）

『そこが知りたかった！　民事信託Q&A100』（中央経済社、2016）

『資産家増税時代の "守りから攻め" の相続対策Q&A』（共著、ぎょうせい、2015）

『税理士なら知っておきたい相続の手続・税務・調査対応Q&A』（共著、中央経済社、2013）

『新版 図解 相続税・贈与税のしくみ 知らないと損する88のポイント』（共著、東洋経済新報社、2013）

など多数

ここからはじめる！
相談者といっしょにページをめくる
民事信託の実務ガイド

2023年8月23日　初版発行

著　者　宮　田　房　枝

発行者　和　田　　　裕

発行所　日本加除出版株式会社
本　　社　〒171-8516
　　　　　東京都豊島区南長崎3丁目16番6号

組版　㈱郁文　　印刷　㈱精興社　　製本　牧製本印刷㈱
表紙デザイン　㈱郁文

定価はカバー等に表示してあります。
落丁本・乱丁本は当社にてお取替えいたします。
お問合せの他、ご意見・感想等がございましたら、下記まで
お知らせください。

〒171-8516
東京都豊島区南長崎3丁目16番6号
日本加除出版株式会社　営業企画課
電話　　03-3953-5642
FAX　　03-3953-2061
e-mail　toiawase@kajo.co.jp
URL　　www.kajo.co.jp

Ⓒ Fusae Miyata 2023
Printed in Japan
ISBN978-4-8178-4901-4